壁新聞ポスターと
パワポスライドで
子どもたちの
興味・関心を育む

食べ物ふしぎ10

監修：横浜市楽しい食育サポートチーム
イラスト：日南田淳子

JN034786

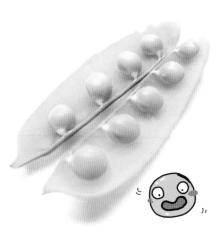

PDF・
パワーポイント
（.pptx）

CD-ROM
付き

健学社

はじめに

食育の活性化に願いを込めて

　生涯、健康で活力ある人生を送るためには、毎日の食生活で何をどのように食べたらよいかを身に付けることが大切です。それには、私たちの体をつくっている食べ物について知ることが有用で、食育の原点でもあります。

　『食べ物ふしぎ 10 パネル』は、「子どもたちに興味をもって理解してもらえる食育教材を作ろう」という目的のもと、横浜市の栄養教諭・学校栄養職員、OB 有志が集まり、3 年という年月をかけて製作しました。食べ物の知識を身に付けるには、実物を見て、ふれて、においをかいで味わってなどと体感することが理想だと思いますが、この教材では、美しい写真やクイズやことわざなどを通して、植物としての姿などありのままを紹介し、食べ物になるまでの流れを学べるようにしました。

　どのような食育指導場面でも使える内容になっていますので、ぜひ、多くの食育関係者にご活用いただけることを願っています。

令和 2（2020）年 10 月

横浜市食育研究協議会 名誉会長
全国学校栄養士協議会 OB会 会長
池田ふみ子

もくじ

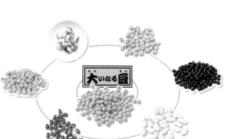

付属CD-ROMの使い方

※付録の CD-ROM には、PDF と PowerPoint の 2 種類の教材・資料データを収録しています。
本書の掲載順に 4 月から 3 月までの月順で並んでいます。

上0401キャベツ	上1002かき
上0401キャベツ	上1101お米
上0402ちりめんじゃこ	上1101お米
上0402ちりめんじゃこ	上1102大根
上0501グリンピース	上1102大根
上0501グリンピース	上1201ブロッコリー
上0502たまねぎ	上1201ブロッコリー
上0502たまねぎ	上1202みかん
上0601じゃがいも	上1202みかん
上0601じゃがいも	上x101ねぎ
上0602きゅうり	上x101ねぎ
上0602きゅうり	上x102こまつな
上0701とうもろこし	上x102こまつな
上0701とうもろこし	上x201大豆
上0702かんぴょう	上x201大豆
上0702かんぴょう	上x202かぶ
上0703ゴーヤー	上x202かぶ
上0703ゴーヤー	上x301キウイフルーツ
上0801すいか	上x301キウイフルーツ
上0801すいか	上x302わかめ
上0802ごぼう	上x302わかめ
上0802ごぼう	
上0901なす	
上0901なす	
上0902なし	
上0902なし	
上1001さつまいも	
上1001さつまいも	
上1002かき	

PDF「ポスター資料」

そのまま印刷してポスターとして使用できます。大きめに印刷して掲示物などにご活用ください。パスワードはかかっていません。

パワポ「プレゼン資料」

上巻収録の PowerPoint 資料には共通のパスワードがかかっています。上記のパスワードを入れて開いてご使用ください。各画面上の画像は少し細かく分かれていますので、スライドショーにして動画などにも書き出せます。くわしくは専門書などをご覧ください。なお、スライドの要素を入れ替えて、各校でオリジナルの資料を作ることもできます。

パスワード「yokohama」

楽しく使おう！
食べ物ふしぎ10パネル

横浜市楽しい食育サポートチーム
横浜市食育研究協議会 会長　岩本かをり

🔟 教材『10パネル』について

　女性の就労や独り暮らしの老人が増えてきている昨今、私たちの食生活は外食や中食が増え、スーパーやコンビニでは総菜パックやお弁当、冷凍食品が陳列棚を占める割合が増えています。店で売られている野菜はすでにきれいに洗われていたり、カットされているものも多く、野菜の全体像や植物のどの部分を食べているのか、どのように栽培されているのかを知らない児童生徒が増えています。ややもすると私たちでさえ、よく知らないようなこともあるのではないでしょうか。児童生徒はもちろんですが、とくに若い栄養教諭・栄養職員の方にも食に関する知識や子どもたちへの伝え方を楽しく学んでいただくために、この『食べ物ふしぎ10パネル』を製作しました。

　食べ物について何かを伝える場合、できれば実物を見せ、触らせたり、においをかがせたり、児童・生徒の五感で体感させてあげることができればよいのですが、多くの場合、その食べ物をタイミングよく手に入れる機会がなかったり、購入するための経費が調達できなかったりするなどの課題があります。また、運よく地元の農家さんから旬の野菜を届けていただいても、その日に指導に回ることが困難だったり、鮮度の関係で別の日には実施できないなどジレンマに陥ることもあるで

しょう。

　そこで、この教材では写真やイラストを用い、食べ物の全体像をまとめ、「私はだれでしょう？」といったクイズを取り入れて児童・生徒の興味関心を引き出せるように工夫をしました。また食べ物にまつわることわざや言い伝えなどを「おもしろエピソード」として紹介しています。ぜひ、この教材を学校現場で栄養教諭・栄養職員のみなさんに指導の目的に合わせて活用していただけることを願います。とくに「食料の生産は、すべて自然の恩恵の上に成り立っていること」「食という行為は、動植物の命をいただき、かつ受け継ぐことであること」などの内容まで伝えることができれば望外の喜びです。

🔟 活用方法の紹介

①季節や旬に合わせ、食べ物を紹介するため、PDFを大判印刷して壁新聞として掲示する。（クイズの「答え」は別紙で伏せて、めくってわかるようにするとよい）

②パワーポイント資料を、ICT教材として授業や食育指導で使用する。機器の設置がすぐにできないような場合は、あらかじめ必要な絵や写真を印刷して絵カードを作っておき、紙芝居のように見せて指導してもよい（右写真参照）。なお、パワーポイント資

料から動画ファイルを作り、給食の時間に各教室で見てもらう（動画の作り方は下巻「ふろく」参照）。

③毎月の食べ物について共通する項目をまとめ、別のパワーポイント教材として活用する。さらに指導者の目的や意図に合わせて、カードの内容構成を変え、自校での取組や当日の給食写真なども織り込みながら活用する。たとえば、

・当日や数日後に給食に使用する食材について伝える。
・季節（旬）の食材を伝える。
・児童・生徒の苦手な食べ物や、なじみの薄い食材に興味関心を持たせ、偏食をなくす指導に用いる。
・花や収穫のようすなどをまとめる。
・クイズ、おもしろエピソード（ことわざ・言い伝え）をまとめる。

などはいかがでしょう。

🔟 とりあげた食品

　上記の作成意図から野菜を中心に、くだもの、「まごはやさしい」の日本の伝統食品など50品目を選びました。月ごとに1つずつ紹介していくと上下巻で4年間ほど使用できます。季節や月ごとにまとめてプリントアウトし、給食室前やランチルールに掲示してもよいでしょう。先生方のアイデアでさらに活用の幅が広がる教材です。

『食べ物ふしぎ10パネル』上下巻掲載食品

	上巻	下巻
4月	キャベツ・ちりめんじゃこ	たけのこ・さやえんどう
5月	たまねぎ・グリンピース	そらまめ・アスパラガス
6月	きゅうり・じゃがいも	さやいんげん・ピーマン
7月	とうもろこし・かんぴょう・ゴーヤー	トマト・オクラ
8月	すいか・ごぼう	こんぶ・メロン
9月	なし・なす	れんこん・ぶどう
10月	かき・さつまいも	くり・ごま
11月	米・大根	にんじん・りんご
12月	ブロッコリー・みかん	かぼちゃ・はくさい
1月	こまつな・ねぎ	さといも・ほうれんそう
2月	大豆・かぶ	もやし・ひじき
3月	わかめ・キウイフルーツ	しいたけ・なのはな・いちご

写真提供 (順不同)

HP「季節の花 300」 (https://www.hana300.com/)
HP「久保の家の爺ちゃんと婆ちゃんのくだもの畑」 (http://www.okadanouen.com/index.html)
石川県白山市役所産業部地産地消課
株式会社 沼田米穀店 (島根県松江市)
株式会社 谷野善平商店 (栃木県上三川町)
道の駅 彩菜茶屋 (岡山県美作市)
加藤農園 (広島県安芸高田市) (http://katonoen.com)
福島県県南農林事務所企画部
東京都江戸川区小学校教育研究会給食部会 (学校栄養職員)
ゼスプリ インターナショナルジャパン株式会社
理研ビタミン株式会社
理研食品株式会社
東京都豊島区立南池袋小学校

和田敦志 先生 (横浜市)
平野直美 先生 (東京都)
猪瀬里美 先生 (埼玉県)
遠藤悠子 先生 (東京都)

参考文献

稲垣栄洋 (2007) 『野菜ふしぎ図鑑 食育なるほどサイエンス』, 健学社
稲垣栄洋 (2009) 『野菜ふしぎ図鑑 食育なるほどサイエンス 2』, 健学社
施山紀男 (2013) 『食生活の中の野菜』, 養賢堂

稲垣栄洋 (2008) 「食べ物ふしぎ大発見！」, 『月刊 食育フォーラム』2008年4月号〜2009年3月号, 健学社

デジタル大辞泉
大辞林 第三版

食べ物ふしぎ10パネル

TPL48+2
上巻

食べ物ふしぎ10パネル
キャベツ

4月

この花は何の花でしょう?

遠くから見ると…

HP「久保の果の姉ちゃんと妹ちゃんのくだもの畑」・北信州の園芸図鑑

葉をむしゃむしゃ食べて
いる青虫さんがいるよ…

あっ、私の
大好きな
キャベツだ!

キャベツは畑でこんなふうに育ち、
花が咲く前に収穫します。

辺り一面キャベツ畑。

Cabbage / marahami / from Flickr, CC BY 2.0

Q クイズです!

キャベツの葉は1球に何枚くらいあるかな?
①20枚　②50枚　③90枚

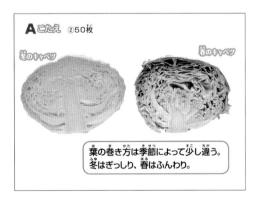

A こたえ ②50枚

冬のキャベツ　　　春のキャベツ

葉の巻き方は季節によって少し違う。
冬はぎっしり、春はふんわり。

キャベツを食べると
胃が元気になる。
たくさん食べてほし
いな。

あれあれ!
キャベツを食べてい
た青虫さんは、いつの
間にかモンシロチョウ
になっていました。

MEMO

　アブラナ科の植物。名前は英語に由来するが、語源は、さにフランス語の caboche「カボーシュ（俗語で「頭」「おつむ」）」にさかのぼる。別名の「甘藍（かんらん）」は中国語。「玉菜（たまな）」は結球する性質から。日本では1年中産地を変えて出荷される。ビタミン様物質のビタミンUはキャベツから発見されたので「キャベジン」ともよばれる。胃粘膜の修復作用があり、胃かいようの予防や改善効果も期待されている。

食育ニュース mini
食べ物大好き!

食べ物ふしぎ10パネル

キャベツ

編集・健康教育研究会 発行所・株式会社 健学社 〒102-0071 東京都千代田区富士見1-5-8 大新京ビル 電話 03(3222)0557 FAX 03(3262)2615

監修:横浜市楽しい食育サポートチーム

この花は何の花でしょう?

①

② 遠くから見ると…

HP「久保の家の爺ちゃんと婆ちゃんのくだもの畑」・北信州の道草図鑑

③ 葉をむしゃむしゃ食べている青虫さんがいるよ…

④ あっ、私の大好きなキャベツだ!

⑤ キャベツは畑でこんなふうに育ち、花が咲く前に収穫します。

⑥ 辺り一面キャベツ畑。

Cabbage / marahami / from Flickr, CC BY 2.0

⑦ **Q クイズです!**

キャベツの葉は1球に何枚くらいあるかな?

①20枚　②50枚　③90枚

⑧ **A こたえ** ②50枚

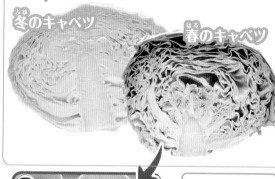

葉の巻き方は季節によって少し違う。冬はぎっしり、春はふんわり。

冬のキャベツ

春のキャベツ

⑨

ツイストロールパン、変わり五目豆、キャベツサラダ、ミックスフルーツ、牛乳の献立

キャベツを食べると胃が元気になる。たくさん食べてほしいな。

⑩ あれあれ!キャベツを食べていた青虫さんは、いつの間にかモンシロチョウになっていました。

食べ物ふしぎ10パネル
ちりめんじゃこ
（しらす干し）

4月

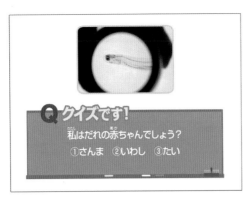

Qクイズです！
私はだれの赤ちゃんでしょう？
①さんま　②いわし　③たい

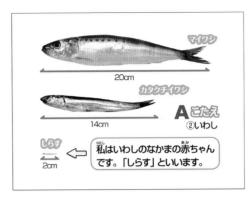

マイワシ
20cm
カタクチイワシ
14cm
しらす
2cm
Aこたえ
②いわし
私はいわしのなかまの赤ちゃんです。「しらす」といいます。

しらすは日本各地の沿岸でとれます。

漁船で目の細かい網を引いてとります。

とれたての「生しらす」です。いたみやすいので、ふつうはとってすぐにゆでます。

ゆでたら外に出して広げます。日光に当ててよく干します。

広げて干したようすが、しわの多い織物の「ちりめん」によく似ているので「ちりめんじゃこ」という名前がつきました。「じゃこ」は「小さい魚」という意味です。

ちりめん

しらすを広げて干したところ（拡大）

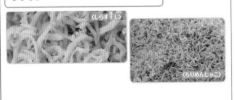

白くて生乾きのものは「しらす干し」ともいわれます。さらによく干して乾燥させると「ちりめんじゃこ」になります。

《しらす干し》
《ちりめんじゃこ》

給食でもよく使われています。これは「ちりめんじゃこのふりかけ」です。

ご飯、じゃことゆかりのふりかけ、うま煮、磯香あえ、牛乳の献立

みんなの骨や歯を強くしてくれるカルシウムがいっぱいです。

MEMO

　おもに春から秋は「カタクチイワシ」、冬は「マイワシ」「ウルメイワシ」の仔稚魚で作られる。

　当日に天日干しをする関係から、雨の日には漁に出ないことが多く、毎朝当日の天候や波の様子を確認して出漁する。漁は単独または二隻が一組になって目の細かい網を引く。出漁から帰港までおよそ１〜数時間の漁になる。

編集・健康教育研究会　発行所・株式会社 健学社　〒102-0071 東京都千代田区富士見1-5-8 大新京ビル　電話03(3222)0557　FAX 03(3262)2615

食育ニュース mini
食べ物大好き！

食べ物ふしぎ10パネル

ちりめんじゃこ（しらす干し）

監修：横浜市楽しい食育サポートチーム

①

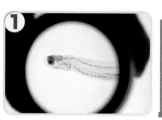

Q クイズです！

私はだれの赤ちゃんでしょう？
①さんま　②いわし　③たい

⑧ 白くて生乾きのものは「しらす干し」ともいわれます。さらによく干して乾燥させると「ちりめんじゃこ」になります。

〈しらす干し〉

〈ちりめんじゃこ〉

②

のりしろ

マイワシ
20cm

カタクチイワシ
14cm

A こたえ
②いわし

しらす
2cm

私はいわしのなかまの赤ちゃんです。「しらす」といいます。

③ しらすは日本各地の沿岸でとれます。

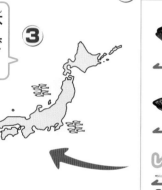

⑦ 広げて干したようすが、しわの多い織物の「ちりめん」によく似ているので「ちりめんじゃこ」という名前がつきました。「じゃこ」は「小さい魚」という意味です。

ちりめん

しらすを広げて干したところ（拡大）

⑨ 給食でもよく使われています。これは「ちりめんじゃこのふりかけ」です。

ご飯、じゃことゆかりのふりかけ、うま煮、磯香あえ、牛乳の献立

④

漁船で目の細かい網を引いてとります。

⑤ とれたての「生しらす」です。いたみやすいので、ふつうはとってすぐにゆでます。

⑥

石川県白山市美川町の「美川しらす」（写真提供：白山市役所産業部地産地消課）

ゆでたら外に出して広げます。日光に当ててよく干します。

⑩

Ca

みんなの骨や歯を強くしてくれるカルシウムがいっぱいです。

5月

食べ物ふしぎ10パネル
グリンピース

あれっ、畑にチョウが羽を広げているような形の花がありますよ。

写真提供HP「季節の花300」

花が散ると、緑色のさやが育ってきます。

写真提供HP「季節の花300」

これはさやえんどうです。

写真提供HP「季節の花300」

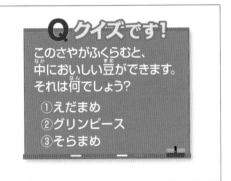
Q クイズです！
このさやがふくらむと、中においしい豆ができます。それは何でしょう？
① えだまめ
② グリンピース
③ そらまめ

A こたえ
②のグリンピースです。「グリンピース」とは、英語で「緑色のえんどう豆」という意味です。

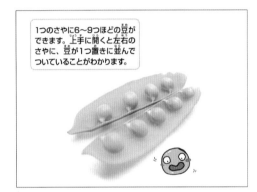
1つのさやに6～9つほどの豆ができます。上手に開くと左右のさやに、豆が1つ置きに並んでついていることがわかります。

グリンピースは、春から初夏にかけて収穫される「グリンピースご飯」は豆の香りを楽しむ春のご飯です。

写真提供：埼玉県栄養教諭　統廣里美先生

グリンピースを畑でさらに成長させると、やがてさやが開いて、中から熟した豆が出てきます。この熟した豆を収穫したものが「青えんどう」です。

この青えんどうをあまく煮たのが「うぐいす豆」です。

グリンピースには、おなかをそうじしてくれる食物せんいがたっぷり。
おはだをすべすべにしたり、体が大きく成長するのを助けてくれます。

MEMO

　グリンピースは、マメ科のエンドウの未熟な種を食用にしたもの。「実えんどう」ともいう。「うすいえんどう」もグリンピースの1つ。なるべく収穫して、調理する直前にさやをむくとよい。保存するときはさやのまま冷蔵庫で。グリンピースは、そのにおいを苦手にする子が多い。ご飯に混ぜるときはだしで別ゆでして最後に合わせるとおいしい。また冷凍品のくさみは保存中に脂質が酸化して発生するといい、油で十分に加熱すると、においがやわらぐという。

食育ニュース mini

食べ物大好き！

食べ物ふしぎ10パネル　グリンピース

編集·健康教育研究会　発行所·株式会社 健学社　〒102-0071 東京都千代田区富士見1-5-8 大新京ビル　電話 03 (3222)0557　FAX 03 (3262)2615

監修：横浜市楽しい食育サポートチーム

①

あれっ、畑にチョウが羽を広げているような形の花がありますよ。

花が散ると、緑色のさやが育ってきます。

② 写真提供HP「季節の花300」

③ これはさやえんどうです。

写真提供HP「季節の花300」

④ **Q クイズです！**

このさやがふくらむと、中においしい豆ができます。それは何でしょう？

①えだまめ
②グリンピース
③そらまめ

⑤

⑥

1つのさやに6〜9つほどの豆ができます。上手に開くと左右のさやに、豆が1つ置きに並んでついていることがわかります。

⑦

グリンピースは、春から初夏にかけて収穫されます。「グリンピースご飯」は豆の香りを楽しむ春のご飯です。

写真提供：埼玉県栄養教諭 猪瀬里美先生

A こたえ

②のグリンピースです。「グリンピース」とは、英語で「緑色のえんどう豆」という意味です。

⑧

グリンピースを畑でさらに成長させると、やがてさやが開いて、中から熟した豆が出てきます。この熟した豆を収穫したものが「青えんどう」です。

⑨

この青えんどうをあまく煮たのが「うぐいす豆」です。

グリンピースには、おなかをそうじしてくれる食物せんいがたっぷり。

⑩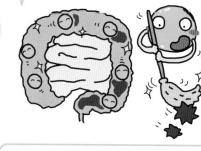

おはだをすべすべにしたり、体が大きく成長するのを助けてくれます。

この花は何の花でしょう?

花が終わるとやがて実を結んで、種ができます。

20種をまいて、苗が20〜25cmくらいになったら畑に植えます。

5月

1本の苗に1個できます。

収穫した後、乾燥させると長く保存することができます。もうわかったかな?

はい、いろいろな料理に大活躍!給食でもおなじみのたまねぎです。

切ると涙が出てきます。においの成分で目や鼻がヒリヒリするからです。料理に合わせていろいろな切り方をします。

輪切り　　くし形切り　　みじん切り

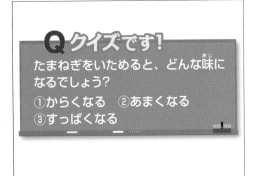

Q クイズです!
たまねぎをいためると、どんな味になるでしょう?
①からくなる　　②あまくなる
③すっぱくなる

A こたえ ②あまくなる

ハンバーグやカレーには、よくいためてから入れると、あまみやコクが出ておいしくなります。

食べると疲れがとれて元気になります。昔、エジプトのピラミッドをつくった人たちも食べていたそうですよ。

MEMO

　たまねぎはネギ科の植物。食用にする部分は「鱗茎（りんけい）」とよばれ、葉に当たる。園芸では「球根」とよぶ。甘みの強い野菜だが、これは光合成産物をでんぷんの形ではなく、低分子の糖として貯蔵するため。糖質の割合は、果物のいちごとほとんど同じで、加熱することで水分が蒸発し、糖分がさらに濃縮される。

16

食育ニュース

食べ物大好き!

編集・健康教育研究会　発行所・株式会社 健学社　〒102-0071 東京都千代田区富士見1-5-8 大新京ビル　電話 03 (3222)0557 FAX 03 (3262)2615

食べ物ふしぎ10パネル　たまねぎ

監修: 横浜市楽しい食育サポートチーム

①

Flower of Onion in my Farm pimpalkhunte / Sukampi / from Wikimedia Commons, CC BY 4.0

この花は何の花でしょう?

花が終わるとやがて実を結んで、種ができます。

②

seed saving onions:/ katie hargrave / from Flickr, CC BY 2.0

③

種をまいて、苗が20〜25cmくらいになったら畑に植えます。

④

1本の苗に1個できます。

⑤

収穫した後、乾燥させると長く保存することができます。もうわかったかな?

⑥

はい、いろいろな料理に大活躍!給食でもおなじみのたまねぎです。

切ると涙が出てきます。においの成分で目や鼻がヒリヒリするからです。料理に合わせていろいろな切り方をします。

⑦

輪切り

くし形切り

みじん切り

New York Deli Rye - Chopped onions / Rebecca Siegel / from Flickr, CC BY 2.0

⑧ **Q クイズです!**

たまねぎをいためると、どんな味になるでしょう?
①からくなる　②あまくなる
③すっぱくなる

A こたえ ②あまくなる

⑨

ハンバーグやカレーには、よくいためてから入れると、あまみやコクが出ておいしくなります。

食べると疲れがとれて元気になります。昔、エジプトのピラミッドをつくった人たちも食べていたそうですよ。

⑩

食べ物ふしぎ10パネル

じゃがいも

畑でつぼみを見つけました。

写真提供：HP「季節の花300」

かわいいきれいな花が咲きました。

フランス王妃のマリー・アントワネットはこの花が好きで、よく髪飾りにしていたそうです。

6月

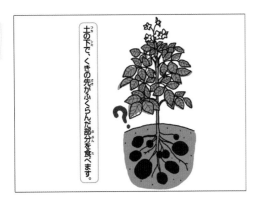

土の下で、くきの先がふくらんだ部分を食べます。

はい。みんなが大好きな、ほくほくしたじゃがいもです。種類はいろいろあります。

Q クイズです！

じゃがいものふるさとは
どこでしょう？

①アフリカ　②インド　③南アメリカ

A こたえ　③南アメリカ

ふるさとは南アメリカのアンデス山地。そこからヨーロッパに伝わりました。日本にはオランダ船でインドネシアから運ばれてきたそうです。インドネシアの首都「ジャカルタ」から「ジャガタラいも」になり、「じゃがいも」となったといいます。

和食にも洋食にも使います。給食にもよく登場しますね。

じゃがいもには「でんぷん」があります。じゃがいもを切ったときに包丁につく白いものです。

でんぷんは食べると運動したり、勉強したりするエネルギーのもとになります。またじゃがいもにはビタミンCも多く含まれています。

MEMO

　ナス科の植物。地下の茎の部分（塊茎）を食用にする。原産は南米アンデス山地の高地といわれ、16世紀にヨーロッパ、日本に17世紀にはオランダ船によりジャカルタ港から運ばれた。「じゃがいも」の名はそこに由来するとされる。

　じゃがいもに日光が当たると皮が緑色になり、有毒なソラニンが作られる。体が小さい子どもは許容量が少なくなるため、学校菜園のものを利用するときは注意が必要。

編集・健康教育研究会　発行所・株式会社　健学社　〒102-0071 東京都千代田区富士見1-5-8 大新京ビル　電話 03(3222)0557　FAX 03(3262)2615

食育ニュース mini
食べ物大好き！
食べ物ふしぎ10パネル
じゃがいも

監修：横浜市楽しい食育サポートチーム

① 畑でつぼみを見つけました。

写真提供：HP「季節の花300」

② かわいいきれいな花が咲きました。

③ フランス王妃のマリー・アントワネットはこの花が好きで、よく髪飾りにしていたそうです。

④ 土の下で、くきの先がふくらんだ部分を食べます。

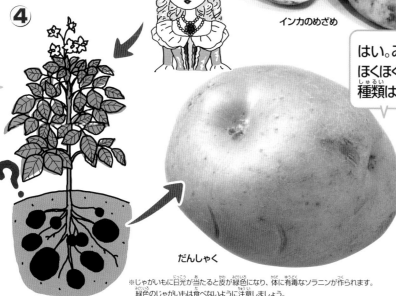

だんしゃく

※じゃがいもに日光が当たると皮が緑色になり、体に有毒なソラニンが作られます。緑色のじゃがいもは食べないように注意しましょう。

⑤ はい。みんなが大好きな、ほくほくしたじゃがいもです。種類はいろいろあります。

インカのめざめ

メークイン

キタアカリ

⑥ Q クイズです！

じゃがいものふるさとはどこでしょう？
①アフリカ　②インド　③南アメリカ

A こたえ　③南アメリカ

ふるさとは南アメリカのアンデス山地。そこからヨーロッパに伝わりました。日本にはオランダ船でインドネシアから運ばれてきたそうです。インドネシアの首都「ジャカルタ」から「ジャガタラいも」になり、「じゃがいも」となったといいます。

⑦

アンデス山地

インドネシア

⑧

肉じゃがの献立

ポテトサラダ　コロッケ

カレーライス　フライドポテト

和食にも洋食にも使います。給食にもよく登場しますね。

⑨ でんぷん

じゃがいもを切った包丁

じゃがいもには「でんぷん」があります。じゃがいもを切ったときに包丁につく白いものです。

⑩ でんぷんは食べると運動したり、勉強したりするエネルギーのもとになります。またじゃがいもにはビタミンCも多く含まれています。

食べ物ふしぎ10パネル
きゅうり

これは何の花でしょう?

おばな

めばな

cucumber blossoms / seekwester / from Flickr. CC BY 2.0

よく見ると1本におばなとめばなの2つの花がありました。

しばらくすると、めばなの根元に緑色の細長い実が育ってきます。

HP「季節の花300」

6月

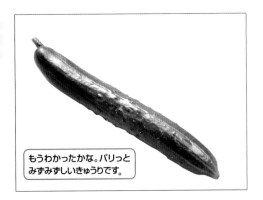

もうわかったかな。パリっとみずみずしいきゅうりです。

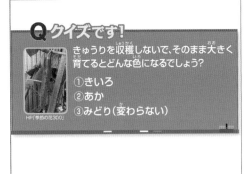

Q クイズです!

きゅうりを収穫しないで、そのまま大きく育てるとどんな色になるでしょう?

① きいろ
② あか
③ みどり(変わらない)

HP「季節の花300」

A こたえ ① きいろ

だから名前は「きいろのうり」から「きうり」とついたんだよ。

きゅうりのぬか漬け

旬は夏です。昔から漬物にもよく使われてきました。

かっぱ巻き

きゅうりを巻いたのり巻きを「かっぱ巻き」というのは、かっぱの大好物がきゅうりだからです。

きゅうりのそくせき漬けの献立

給食では一度加熱してから、そくせき漬けやサラダによく使われます。

きゅうりの梅肉あえ

水分たっぷりのきゅうりは、暑い夏の水分補給にぴったり。梅干しの果肉を使った梅肉あえもおいしいですよ。

MEMO

　ウリ科の植物。名は「黄瓜」または「木瓜」に由来する。熟した実は黄色。漢字では「胡瓜」と書き、「胡」を用いるのは、シルクロードを渡ってきたことを意味する。

　学校給食では食中毒を防ぐため、野菜を生のままでは提供せず、加熱調理を原則にしている。きゅうりも一度ゆでるなどして熱を通してから使われることが多い。

編集·健康教育研究会　発行所·株式会社 健学社　〒102-0071 東京都千代田区富士見1-5-8 大新京ビル　電話 03(3222)0557　FAX 03(3262)2615

食育ニュース mini
食べ物大好き！

食べ物ふしぎ10パネル

きゅうり

監修:横浜市楽しい食育サポートチーム

① これは何の花でしょう？

② よく見ると1本におばなとめばなの２つの花がありました。

おばな

めばな

cucumber blossom / seelensturm / from Flickr, CC BY 2.0

しばらくすると、めばなの根元に緑色の細長い実が育ってきます。

③

④ もうわかったかな。パリっとみずみずしいきゅうりです。

HP「季節の花300」

⑤ **Q** クイズです！

きゅうりを収穫しないで、そのまま大きく育てるとどんな色になるでしょう？

①きいろ
②あか
③みどり（変わらない）

HP「季節の花300」

のりしろ

A こたえ　①きいろ

⑥

だから名前は「きいろのうり」から「きうり」とついたんだよ。

⑦ 旬は夏です。昔から漬物にもよく使われてきました。

きゅうりのぬか漬け

きゅうりを巻いたのり巻きを「かっぱ巻き」というのは、かっぱの大好物がきゅうりだからです。

⑧ かっぱ巻き

⑨

きゅうりのそくせき漬けの献立

水分たっぷりのきゅうりは、暑い夏の水分補給にぴったり。梅干しの果肉を使った梅肉あえもおいしいですよ。

⑩ きゅうりの梅肉あえ

給食では一度加熱してから、そくせき漬けやサラダによく使われます。

食べ物ふしぎ10パネル とうもろこし

このひらひらした花は
何の花でしょう？

おばな　　めばな

高さは2mにもなります。
夏においしい食べ物です。

ひげが茶色になったら食べ
頃です。皮をむいてみま
しょう。もうわかったかな？

7月

はい。プチプチあまい
つぶがおいしいとうも
ろこしです。つぶの
数はひげの数と同じ。
1本におよそ600
つぶもつきます。

⑤ Q クイズです！

とうもろこしは、一日の中でいつ
収穫したものが一番あまいでしょう？
①日の出前　②正午　③日の入り後

A こたえ　①日の出前

とうもろこしは、夜になると日中に
葉で作られた糖分を実に送り、たくわ
えます。そのため、太陽が昇る前の早
朝に収穫すると一番あまいとうもろこ
しが採れるのです。

写真提供：株式会社 沼田米穀店（島根県松江市）

とうもろこしには、つぶが黄
色や白いもの、両方が交じっ
たものなどもあります。

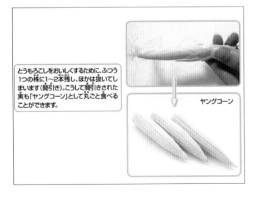

とうもろこしをおいしくするために、ふつう
1つの株に1～2本残し、ほかは抜いてし
まいます（間引き）。こうして間引きされた
実も「ヤングコーン」として丸ごと食べる
ことができます。

ヤングコーン

とうもろこしは、そのまま
ゆでて食べられますが、
缶詰などに加工すること
で、1年中おいしく食べる
ことができます。給食でも
サラダやスープによく使わ
れています。

とうもろこしには体の調子を整える
はたらきがあります。完熟すると
「でんぷん」が多くなり、世界には
主食として食べる国もあります。

MEMO

イネ科の1年草。中央アメリカ原産で、
コロンブスがヨーロッパに持ち帰り、世界
中に広がった。和名の「とうもろこし」は「唐
（中国）」と「もろこし（唐土）」の重語。各
地でさまざまなよび方（「とうきび」「なん
ばん」「とうたかきび」など）がある。

太陽が昇ると「とうもろこし」が光合成
を始め、実にたくわえた糖分も消費される。
日の出前に収穫することで糖度が高く保た
れる。購入後はなるべく早く火を通して保
存するか、冷暗所に置いて早めに食べきる。

編集・健康教育研究会　発行所・株式会社　健学社　〒102-0071 東京都千代田区富士見1-5-8 大新京ビル　電話 03 (3222) 0557　FAX 03 (3262) 2615

食育ニュース mini
食べ物大好き

食べ物ふしぎ10パネル とうもろこし

監修:横浜市楽しい食育サポートチーム

① このひらひらした花は何の花でしょう?

おばな　めばな

② 高さは2mにもなります。夏においしい食べ物です。

③ ひげが茶色になったら食べ頃です。皮をむいてみましょう。もうわかったかな?

④

はい。プチプチあまいつぶがおいしいとうもろこしです。つぶの数はひげの数と同じ。1本におよそ600つぶもつきます。

⑤ Q クイズです!
とうもろこしは、一日の中でいつ収穫したものが一番あまいでしょう?
①日の出前　②正午　③日の入り後

⑥

写真提供：株式会社 沼田米穀店 (島根県松江市)

A こたえ ①日の出前

とうもろこしは、夜になると日中に葉で作られた糖分を実に送り、たくわえます。そのため、太陽が昇る前の早朝に収穫すると一番あまいとうもろこしが採れるのです。

⑦ とうもろこしには、つぶが黄色や白いもの、両方が交じったものなどもあります。

⑧

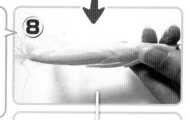

とうもろこしをおいしくするために、ふつう1つの株に1〜2本残し、ほかは抜いてしまいます(間引き)。こうして間引きされた実も「ヤングコーン」として丸ごと食べることができます。

ヤングコーン

とうもろこしには体の調子を整えるはたらきがあります。完熟すると「でんぷん」が多くなり、世界には主食として食べる国もあります。

⑨

梅わかご飯、雑司ヶ谷なすの肉みそ、のりポンサラダ、冨澤さんのゆでとうもろこし、東京元気農場のみそ汁、メロン、牛乳の献立
写真提供 東京都元学校栄養職員 平野直美先生

⑩

とうもろこしは、そのままゆでて食べられますが、缶詰などに加工することで、1年中おいしく食べることができます。給食でもサラダやスープによく使われています。

食べ物ふしぎ10パネル
かんぴょう

畑にふしぎ物体発見！これは一体、何でしょう？

写真提供 株式会社 谷野善平商店（栃木県上三川町）

苗の頃の写真です。三角帽子を被せるのは、霜や霜から苗を守るためです。

写真提供 株式会社 谷野善平商店（栃木県上三川町）

やがて、『枕草子』や『源氏物語』にも登場する「夕顔」という名のきれいな白い花が咲きました。雄花と雌花があり、雌花の下には赤ちゃんの実がついています。

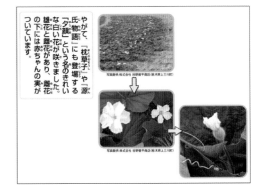
写真提供 株式会社 谷野善平商店（栃木県上三川町）

7月

この植物の名前もユウガオといい、実は「ふくべ」とよばれます。重さが7〜8kgになったところで収穫します。まるまる太って、とても重そうですね。

晴れる日を予想して、夜明け前から仕事をします。幅と厚みをそろえて実を削り、長さもそろえて真夏の太陽の下で一気に干し上げます。もうわかったかな？

ふくべを削ったあと
写真提供 株式会社 谷野善平商店（栃木県上三川町）

長く保存ができ、コリコリ、シコシコした歯ごたえがおいしいかんぴょう（干瓢）です。

かんぴょう巻き
かんぴょうの卵とじ汁

Q クイズです！
かんぴょうになるユウガオに一番近いウリの仲間はどれでしょう？　漢字がヒントです。
① へちま（糸瓜）
② とうがん（冬瓜）
③ ひょうたん（瓢箪）

A こたえ　③ひょうたん（瓢箪）

かんぴょうにされるマルユウガオ
ナガユウガオは煮て食べることが多い
ユウガオのあんかけ

ひょうたんで、苦みの少ないものが食用になりました。煮て食べることもできますが、皮が薄いため、とうがんほどは長く保存ができません。

ふくべのジャック・オ・ランタン
ふくべで作ったおめん
完熟させて、よく乾燥させた「ふくべ」で楽しい工作もできます。

かんぴょうには食物せんいとカルシウムがたっぷりです。

MEMO

　ウリ科のユウガオの果肉の加工品。ユウガオは花がしぼんで2週間から3週間経つと約7〜8kgの実になり、これを「ふくべ（瓢）」とよぶ。この実を細長く皮をむくように薄く切り、乾燥させた食品が「かんぴょう」。大正時代にかんぴょう鉋（かんな）が考案され、現在は丸剥ぎ機で削られる。生産時期の7〜8月の2ヵ月間は、朝3〜4時に起きて作業する。日干しをするときには、1日で乾燥できるように、天気のよい日を予想して行う必要がある。

編集・健康教育研究会　発行所・株式会社　健学社　〒102-0071 東京都千代田区富士見1-5-8 大新京ビル　電話 03(3222)0557 FAX 03(3262)2615

食育ニュース mini
食べ物大好き！

食べ物ふしぎ10パネル　かんぴょう

監修：横浜市楽しい食育サポートチーム
写真提供：株式会社 谷野善平商店（栃木県上三川町）

①

畑にふしぎな物体発見！これは一体、何でしょう？

②

苗の頃の写真です。三角帽子を被せるのは、霜や霰から苗を守るためです。

③

やがて、『枕草子』や『源氏物語』にも登場する『夕顔』という名のきれいな白い花が咲きました。雄花と雌花があり、雌花の下には赤ちゃんの実がついています。

④

⑤

この植物の名前もユウガオといい、実は「ふくべ」とよばれます。重さが7〜8kgになったところで収穫します。まるまる太って、とても重そうですね。

ふくべを削ったあと

晴れる日を予想して、夜明け前から仕事をします。幅と厚みをそろえて実を削り、長さもそろえて真夏の太陽の下で一気に干し上げます。もうわかったかな？

⑥

長く保存ができ、コリコリ、シコシコした歯ごたえがおいしいかんぴょう（干瓢）です。

かんぴょう巻き

かんぴょうの卵とじ汁

⑦ Q クイズです！

かんぴょうになるユウガオに一番近いウリの仲間はどれでしょう？ 漢字がヒントです。

① へちま（糸瓜）
② とうがん（冬瓜）
③ ひょうたん（瓢箪）

へちま　　とうがん　　ひょうたん

⑧ A こたえ　③ ひょうたん（瓢箪）

かんぴょうにされるマルユウガオ

ナガユウガオは煮て食べることが多い

ユウガオのあんかけ

ひょうたんで、苦みの少ないものが食用になりました。煮て食べることもできますが、皮が薄いため、とうがんほどは長く保存ができません。

⑨

ふくべで作ったおめん

ふくべのジャック・オ・ランタン

完熟させて、よく乾燥させた「ふくべ」で楽しい工作もできます。

かんぴょうには食物繊維とカルシウムがたっぷりです。

⑩

食べ物ふしぎ10パネル
ゴーヤー

おばな

めばな

おや、夏の庭にかわいい黄色のきれいな花が咲いています。

めばなが咲き終わると根もとに実ができ、大きくなります。

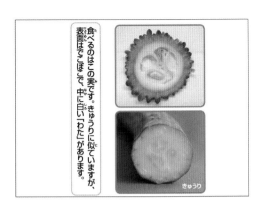

食べるのはこの実です。きゅうりに似ていますが、表面はでこぼこで、中に白い「わた」があります。

きゅうり

7月

もうわかったかな。そうです。食べるとちょっと苦い、ゴーヤーです。「ツルレイシ」「にがうり」ともいいます。

「わた」をしっかり取り、切った後は塩水に漬けると苦みが減ります。熱湯にくぐらせてもよいです。

ごぼうのジューシー、牛乳、ゴーヤーフリッター、あおさスープ

ゴーヤーフリッター

ゴーヤーチャンプルー

写真提供 埼玉県栄養教諭 猪瀬里美先生

油で調理するとさらに苦みが和らぎます。フリッターやチャンプルーなど、油を使った料理はとてもおいしいですよ。

つるがよく伸び、葉もたくさんつくので、「グリーンカーテン」として日よけにも利用されます。

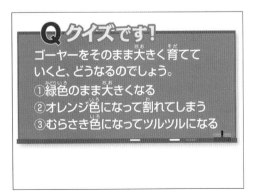

Qクイズです!
ゴーヤーをそのまま大きく育てていくと、どうなるのでしょう。
①緑色のまま大きくなる
②オレンジ色になって割れてしまう
③むらさき色になってツルツルになる

A こたえ
②オレンジ色になって割れてしまう

熟すとオレンジ色になり、実が割れて、中から赤い種が飛び出します。種のまわりはとてもあまくなります。

もりもり

ゴーヤーにはビタミンCがたっぷり。苦みには食欲を増す効果があるともいわれます。

MEMO

ウリ科の植物。沖縄本島では「ゴーヤー」とよぶ。全国に普及するにつれ「ゴーヤ」と短く言い表されることが多くなった。いぼに覆われた外観がレイシ（ライチ）に似ていることから「ツルレイシ」、また食味から「にがうり」ともよばれる。

おもに未熟な果皮を食用にする。ビタミンC、葉酸が豊富。俗に苦み成分等に生活習慣病予防効果等があるといわれるが、エビデンスは十分ではない。また種の食用は有害事例が報告されているので避ける。

編集・健康教育研究会　発行所・株式会社 健学社　〒102-0071 東京都千代田区富士見1-5-8 大新京ビル　電話 03(3222)0557　FAX 03(3262)2615

食育ニュース mini

食べ物大好き！

食べ物ふしぎ10パネル

ゴーヤー

監修：横浜市楽しい食育サポートチーム

① おばな

② めばな

おや、夏の庭にかわいい黄色のきれいな花が咲いています。

めばなが咲き終わると根もとに実ができ、大きくなります。

③

食べるのはこの実です。きゅうりに似ていますが、表面はでこぼこで、中に白い「わた」があります。

④

きゅうり

もうわかったかな。そうです。食べるとちょっと苦い、ゴーヤーです。「ツルレイシ」「にがうり」ともいいます。

⑤

「わた」をしっかり取り、切った後は塩水に漬けると苦みが減ります。熱湯にくぐらせてもよいです。

⑥

ごぼうのジューシー、牛乳、ゴーヤーフリッター、あおさスープ

写真提供：埼玉県栄養教諭 猪瀬里美先生

ゴーヤーフリッター

ゴーヤーチャンプルー

油で調理するとさらに苦みが和らぎます。フリッターやチャンプルーなど、油を使った料理はとてもおいしいですよ。

つるがよく伸び、葉もたくさんつくので、「グリーンカーテン」として日よけにも利用されます。

⑦

⑧ Q クイズです！

ゴーヤーをそのまま大きく育てていくと、どうなるのでしょう。
① 緑色のまま大きくなる
② オレンジ色になって割れてしまう
③ むらさき色になってツルツルになる

のりしろ

⑨ A こたえ

② オレンジ色になって割れてしまう

熟すとオレンジ色になり、実が割れて、中から赤い種が飛び出します。種のまわりはとてもあまくなります。

⑩

もりもり

ゴーヤーにはビタミンCがたっぷり。苦みには食欲を増す効果があるともいわれます。

食べ物ふしぎ10パネル
すいか

おばな

めばな

地面に伸びたつるに咲いている黄色い花。何の花でしょう?

めばなが咲き終わると根もとに小さな実ができました。

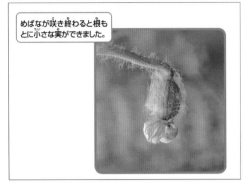

大きくなると表面は緑に黒いしま模様、中身は赤くて黒い種が並んでいます。わかったかな?

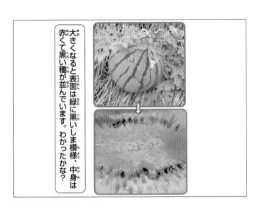

8月

そうです。暑い夏のおいしいオアシス、すいかです。

Qクイズです!

すいかは瓜の仲間です。方角を示す漢字と合わせてよく「○瓜」と書かれます。それは次のどれでしょう?

① 東　② 西　③ 南　④ 北

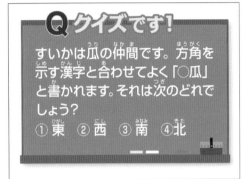

Aこたえ

② 西

「西瓜」と書いて「すいか」と読みます。これはシルクロードを通って西から中国に伝えられたからだといわれます。日本には、およそ400年前に伝わりました。

果物として売られていますが、植物としては野菜の仲間です。色、形、大きさなど、さまざまな種類があります。

クリームすいか　マダーボール　でんすけすいか

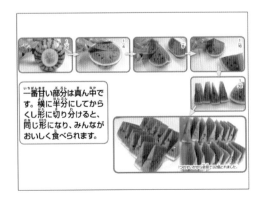

一番甘い部分は真ん中です。横に半分にしてからくし形に切り分けると、同じ形になり、みんながおいしく食べられます。

1つのすいかから全部で32個に切れました。

すいかは夏の水分補給にぴったり。いらないものを体の外に出してくれるはたらきもあります。

キーマカレー、牛乳、たこサラダ、夏野菜スープ、すいかの献立

写真提供:東京都元学校栄養士 平野直美先生

目隠しして棒ですいかを割る「すいか割り」は、日本の夏の風物詩の1つです。

MEMO

　ウリ科の植物。アフリカのサバンナ地帯や砂漠地帯が原産地と考えられている。黒いしま模様は空の鳥たちに実のありかを知らせ、果実と一緒に種を飲み込んでもらい、ふんとして排出されることで遠くに子孫を残すための戦略と考えられている。

　すいかの当て字「西瓜」は、中国語の「西瓜」がもとで、日本語での発音は広東語での発音「サイクワァ」がなまったものといわれる。

編集·健康教育研究会　発行所·株式会社　健学社　〒102-0071 東京都千代田区富士見1-5-8 大新京ビル　電話 03(3222)0557 FAX 03(3262)2615

食育ニュース mini
食べ物大好き！

食べ物ふしぎ10パネル

すいか

監修:横浜市楽しい食育サポートチーム

① おばな

めばな

地面に伸びたつるに咲いている黄色い花。何の花でしょう？

めばなが咲き終わると根もとに小さな実ができました。

②

③

大きくなると表面は緑に黒いしま模様、中身は赤くて黒い種が並んでいます。わかったかな？

④

そうです。暑い夏のおいしいオアシス、すいかです。

5 Q クイズです！

すいかは瓜の仲間です。方角を示す漢字と合わせて、よく「○瓜」と書かれます。それは次のどれでしょう？

①東　②西　③南　④北

6 A こたえ

② 西

「西瓜」と書いて「すいか」と読みます。これはシルクロードを通って西から中国に伝えられたからだといわれます。日本には、およそ400年前に伝わりました。

⑦

クリームすいか　マダーボール　でんすけすいか

果物として売られていますが、植物としては野菜の仲間です。色、形、大きさなど、さまざまな種類があります。

⑧ 1/2　1/4　1/8　1/16

1/32

一番甘い部分は真ん中です。横に半分にしてからくし形に切り分けると、同じ形になり、みんながおいしく食べられます。

1つのすいかから全部で32個とれました。

⑨

写真提供:東京都元学校栄養士 平野直美先生

すいかは夏の水分補給にぴったり。いらないものを体の外に出してくれるはたらきもあります。

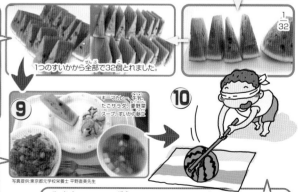

⑩

目隠しして棒ですいかを割る「すいか割り」は、日本の夏の風物詩の1つです。

食べ物ふしぎ10パネル　ごぼう

この花を見たことがありますか？

葉はとても大きいです。

根を食べます。花が咲く前に土を深く掘って収穫します。折れないようにとるのがとても大変です。

写真提供：岡山県美作市「道の駅 彩菜茶屋」

Q クイズです！
競争などで相手を一気に抜いてしまうことを、この野菜にちなんで「〇〇抜き」といいます。それは次のどれでしょう？
①だいこん　②にんじん　③ごぼう

A こたえ
③ごぼう

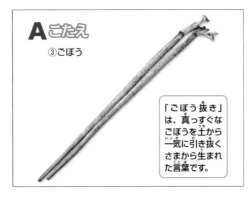

「ごぼう抜き」は、真っすぐなごぼうを土から一気に引き抜くさまから生まれた言葉です。

ごぼうは、薬として中国から日本に伝わりました。

日本では野菜として食べますが、外国の人は「木の根を食べている」とびっくりするそうです。ごぼうは、その香りと味で料理をよりおいしくしてくれます。

夏の「新ごぼう」は、やわらかくて香りがよく、きんぴらや炊き込みご飯に使われます。葉を食べる「葉ごぼう」や、冬に出回る丸太のような「堀川ごぼう」もあります。

きんぴらごぼう
葉ごぼう
堀川ごぼう
炊き込みご飯

豊作をもたらす鳥に形を似せた「たたきごぼう」は、正月のおせち料理にもなっています。大地にしっかり根を張ることから縁起のよい食べ物とされています。

たたきごぼう
おせち料理

とりごぼうご飯の献立

シャキシャキして、かみごたえのあるごぼうは、おなかのそうじをしてくれる食物繊維がたっぷりです。

MEMO

キク科の植物。ユーラシア大陸原産で、縄文時代または平安時代に中国から薬草として伝わったとされる。
　「たたきごぼう」は、豊作の年に飛んでくるとされる瑞鳥（ずいちょう）に形状が似ていることから豊作の願いを込めておせち料理に加えられたとされる。また地中深く根を張ることから家がその地に根を張って安泰に暮らせるように願ったともいわれている。

編集・健康教育研究会　発行所・株式会社 健学社　〒102-0071 東京都千代田区富士見1-5-8 大新京ビル　電話 03 (3222) 0557　FAX 03 (3262) 2615

食育ニュース mini
食べ物大好き！

食べ物ふしぎ10パネル

ごぼう

監修：横浜市楽しい食育サポートチーム

① この花を見たことがありますか？

② 葉はとても大きいです。

③

根を食べます。花が咲く前に土を深く掘って収穫します。折れないようにとるのがとても大変です。

写真提供：岡山県美作市「道の駅 彩菜茶屋」

④ **Q** クイズです！
競争などで相手を一気に抜いてしまうことを、この野菜にちなんで「〇〇抜き」といいます。それは次のどれでしょう？
①だいこん　②にんじん　③ごぼう

ごぼうは、薬として中国から日本に伝わりました。

⑥

⑤

のりしろ

A こたえ

③ごぼう

「ごぼう抜き」は、真っすぐなごぼうを土から一気に引き抜くさまから生まれた言葉です。

⑦

日本では野菜として食べますが、外国の人は「木の根を食べている」とびっくりするそうです。ごぼうは、その香りと味で料理をよりおいしくしてくれます。

⑧

夏の「新ごぼう」は、やわらかくて香りがよく、きんぴらや炊き込みご飯に使われます。葉を食べる「葉ごぼう」や、冬に出回る丸太のような「堀川ごぼう」もあります。

新ごぼう

きんぴらごぼう

炊き込みご飯

葉ごぼう

堀川ごぼう

豊作をもたらす鳥に形を似せた「たたきごぼう」は、正月のおせち料理にもなっています。大地にしっかり根を張ることから縁起のよい食べ物とされています。

⑨

たたきごぼう

おせち料理

⑩

シャキシャキして、かみごたえのあるごぼうは、おなかのそうじをしてくれる食物繊維がたっぷりです。

とりごぼうご飯の献立

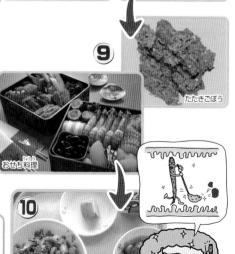

食べ物ふしぎ10パネル
なす

紫色のきれいな花が咲きました。何の花でしょう?

花が咲き終わると根もとがふっくらしてきました。

写真提供:HP「季節の花300」

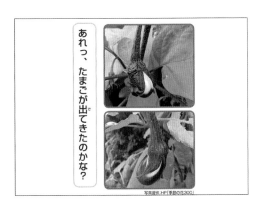

あれっ、たまごが出てきたのかな?

写真提供:HP「季節の花300」

なすのとげ

そうです。紫色につやつや輝く、なすです。さやにはとげがあるときもあるから注意しようね。

9月

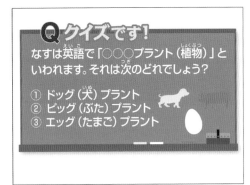

Qクイズです!
なすは英語で「○○○プラント(植物)」といわれます。それは次のどれでしょう?
① ドッグ(犬)プラント
② ピッグ(ぶた)プラント
③ エッグ(たまご)プラント

Aこたえ　③エッグ(たまご)プラント

形がたまごに似ているのでこういわれるそうです。

白いなすや赤いなす、細長いものや丸いものなど、なすには色、形、大きさで、さまざまな種類があります。

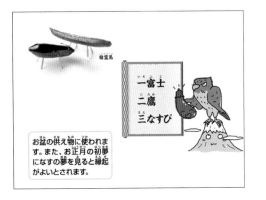

精霊馬

一富士
二鷹
三なすび

お盆の供え物に使われます。また、お正月の初夢になすの夢を見ると縁起がよいとされます。

なすと油はよく合います。マーボーなすや中華炒めによく使われます。焼きなすや漬物にしてもおいしいですね。

なすの中華炒めの献立

焼きなす　なすの漬物

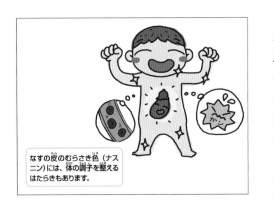

なすの皮のむらさき色(ナスニン)には、体の調子を整えるはたらきもあります。

MEMO

ナス科の植物。原産地はインド東部と考えられ、世界各地にさまざまな品種がある。成分のほとんどは水分だが、淡泊でいろいろな食材と合わせやすく、油をよく吸収するので油料理との相性がよい。東洋医学では、ほてった夏の体を冷やす食品とされる。お盆の「精霊馬」では、きゅうりを馬、なすを牛に見立てる。初夢の縁起物にされているのは、一説に"高い"順とされ、江戸時代、すでに促成栽培されていた正月の初物なすの値段といわれる。

編集・健康教育研究会　発行所・株式会社　健学社　〒102-0071 東京都千代田区富士見1-5-8 大新京ビル　電話 03(3222)0557　FAX 03(3262)2615

食育ニュース mini
食べ物大好き！

食べ物ふしぎ10パネル

なす

監修:横浜市楽しい食育サポートチーム

①

紫色のきれいな花が咲きました。何の花でしょう?

花が咲き終わると根もとがふっくらしてきました。

②

写真提供:HP「季節の花300」

③

あれっ、たまごが出てきたのかな?

写真提供:HP「季節の花300」

④

なすのとげ

そうです。紫色につやつや輝く、なすです。へたにはとげがあるときもあるから注意しようね。

⑤ **Q クイズです!**

なすは英語で「〇〇〇プラント(植物)」といわれます。それは次のどれでしょう?

① ドッグ(犬)プラント
② ピッグ(ぶた)プラント
③ エッグ(たまご)プラント

⑥ **A こたえ**

③エッグ(たまご)プラント

形がたまごに似ているので、こういわれるそうです。

⑦

白なす

赤なす(手前)
奥は普通のなす

カプリス
(イタリアなす)

丸なす

米なす

白いなすや赤いなす、細長いものや丸いものなど、なすには色、形、大きさで、さまざまな種類があります。

⑧

精霊馬

一富士
二鷹
三なすび

お盆の供え物に使われます。また、お正月の初夢になすの夢を見ると縁起がよいとされます。

⑨

なすの中華炒めの献立

焼きなす

なすの漬物

なすと油はよく合います。マーボーなすや中華炒めによく使われます。焼きなすや漬物にしてもおいしいですね。

⑩

なすの皮のむらさき色(ナスニン)には、体の調子を整えるはたらきもあります。

食べ物ふしぎ10パネル

なし

くだもの畑（「果樹園」）の冬のようすです。農家の人は、一生懸命に何をしているのでしょう?

枝の間隔を整える（「剪定」）
余分な芽を摘む
木にできた穴（「洞」）をうめる
杉を切る（「せん定」）
肥料を置く

果樹園作業などの写真提供: 加藤農園（広島県安芸高田市）
加藤農園ホームページ (http://katonoen.com)

春になりました。整えられた枝にきれいな白い花が咲いています。

果樹園作業などの写真提供: 加藤農園（広島県安芸高田市）
加藤農園ホームページ (http://katonoen.com)

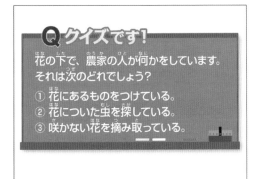

Q クイズです!

花の下で、農家の人が何かをしています。それは次のどれでしょう?

① 花にあるものをつけている。
② 花についた虫を探している。
③ 咲かない花を摘み取っている。

9月

A こたえ　① 花にあるものをつけている。

花のおしべから集めた花粉をめしべにつけています（「人工授粉」）。確実に実をつけさせるために欠かせない作業です。

果樹園作業などの写真提供: 加藤農園（広島県安芸高田市）
加藤農園ホームページ (http://katonoen.com)

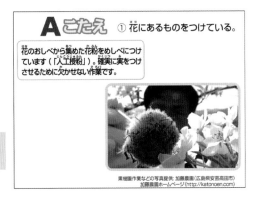

花が散った後、おいしい実にするために、1つを残して、ほかをはさみで切り取ります。「摘果」という作業です。

手間ひまかけて育てた実が、枝で大きくなっています。もう何かわかったかな?

横浜市の「浜なし」

そうです。シャリシャリした歯ごたえとみずみずしさがおいしい、なしです。

幸水

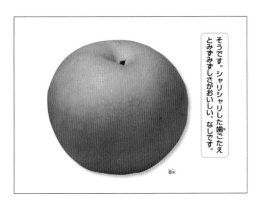

赤なし　　　　青なし

幸水　　　　二十世紀

皮の色で赤なし系と青なし系に分けられます。多く作られているのは赤なし系です。なしは弥生時代から食べられてきた、日本になじみの深いくだものです。

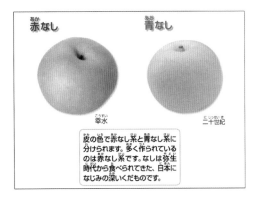

日本では、なしを生で食べますが、韓国では、なしの肉をやわらかくするはたらきや、甘みを生かして「プルコギ」という料理やキムチによく使います。

写真提供: 東京都元学校栄養職員 平野直美先生

プルコギ
（韓国の焼き肉）

なしは食物繊維が豊富で、おなかの調子を整えてくれます。いらないものを体の外に出すはたらきもあります。

MEMO

　バラ科の植物。「和なし（日本なし）」「中国なし」「洋なし」の3つがある。和なし（日本なし）は日本で栽培されるくだものの中でも歴史が古く、弥生時代にはすでに食べられていたとされる。現在のような甘みの強いなしは、明治以降の品種改良で生まれた。なお、実は枝側よりもお尻（果頂部）の方が甘い。水分と食物繊維が多く、便をやわらかくしてくれるソルビトールも含む。

編集・健康教育研究会　発行所・株式会社　健学社　〒102-0071 東京都千代田区富士見1-5-8 大新京ビル　電話 03(3222)0557　FAX 03(3262)2615

食育ニュース mini
食べ物大好き！

食べ物ふしぎ10パネル

なし

資料写真提供：加藤農園（広島県安芸高田市）　監修：横浜市楽しい食育サポートチーム

①

枝の間隔を整える（「誘引」）
余分な芽を摘む
木にできた穴（「うろ」）をうめる
枝を切る（「せん定」）
肥料を施す

くだもの畑（「果樹園」）の冬のようすです。農家の人は、一生懸命に何をしているのでしょう？

②

春になりました。整えられた枝にきれいな白い花が咲いています。

果樹園作業などの写真提供：加藤農園（広島県安芸高田市）
加藤農園ホームページ（http://katonoen.com）

③ Q クイズです！

花の下で、農家の人が何かをしています。それは次のどれでしょう？

① 花にあるものをつけている。
② 花についた虫を探している。
③ 咲かない花を摘み取っている。

手間ひまかけて育てた実が、枝で大きくなっています。もう何かわかったかな？

花が散った後、おいしい実にするために、1つを残して、ほかをはさみで切り取ります。「摘果」という作業です。

⑤

④ A こたえ　① 花にあるものをつけている。

花のおしべから集めた花粉をめしべにつけています（「人工授粉」）。確実に実をつけさせるために欠かせない作業です。

⑥

横浜市の「浜なし」

⑦

豊水

赤なし
青なし

幸水
二十世紀

⑧

皮の色で赤なし系と青なし系に分けられます。多く作られているのは赤なし系です。なしは弥生時代から食べられてきた、日本になじみの深いくだものです。

そうです。シャリシャリした歯ごたえとみずみずしさがおいしい、なしです。

⑨

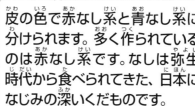

写真提供：東京都元学校栄養職員 平野直美先生

日本では、なしを生で食べますが、韓国では、なしの肉をやわらかくするはたらきや、甘みを生かして、「プルコギ」という料理やキムチによく使います。

プルコギ（韓国の焼き肉）

なしは食物繊維が豊富で、おなかの調子を整えてくれます。いらないものを体の外に出すはたらきもあります。

⑩

あさがおに似たきれいな花ですね。さて、何の花でしょう？

畑のようすを見てみましょう。食べるところは、土の中にかくれています。

食べる部分は「根」が大きくなったものです。もうわかったかな？

そうです。ほくほくして甘い秋の味覚、さつまいもです。

Q クイズです！

さつまいもは畑に何を植えて育てるのでしょう？
① 種
② つる
③ 種いも

A こたえ　② つる

種いもから伸びたつるを切って苗を作り、畑に植えます。

収穫は秋です。さつまいも掘りは楽しい秋の行事の1つですね。

10月

中国から沖縄、そして鹿児島（薩摩）へと伝わったので「さつまいも」といいます。江戸時代に飢きんに備える食べ物として、青木昆陽たちの力で栽培が広まりました。

青木昆陽
1698
～
1769

てんぷら、煮物、焼きいも、スイートポテトなど、いろいろな料理に使われます。他のいもに比べて甘いのが特徴です。

さつまいもと栗の甘煮の献立

大学いも　さつまいもご飯　栗きんとん

体の中でエネルギーのもとになります。おなかの中をそうじする食物繊維や肌をきれいにするビタミンCもたっぷりです。

MEMO

ヒルガオ科の植物。仲間の植物にアサガオやヨウサイ（空心菜）がある。甘藷（かんしょ）ともいう。沖縄では「唐いも」、鹿児島では「琉球いも」ともよばれる。ちなみに花は熱帯、亜熱帯ではよく咲くが、本州などでは通常の条件では咲かない。八代将軍・徳川吉宗の治世下、儒学者として知られていた青木昆陽が、町奉行・大岡忠相に取り立てられ、さつまいもの効用を説いた『蕃藷考（ばんしょこう）』を著し、吉宗に献上した。その後、日本各地で救荒食としての栽培が広まる。

編集・健康教育研究会　発行所・株式会社 健学社　〒102-0071 東京都千代田区富士見1-5-8 大新京ビル　電話 03(3222)0557　FAX 03(3262)2615

食育ニュース
食べ物大好き！

食べ物ふしぎ10パネル

さつまいも

監修：横浜市楽しい食育サポートチーム

①

あさがおに似たきれいな花ですね。さて、何の花でしょう？

畑のようすを見てみましょう。食べるところは、土の中にかくれています。

②

⑥ **A** こたえ

② つる

種いもから伸びたつるを切って苗を作り、畑に植えます。

⑤ **Q** クイズです！

さつまいもは畑に何を植えて育てるのでしょう？
① 種
② つる
③ 種いも

③

食べる部分は「根」が大きくなったものです。もうわかったかな？

④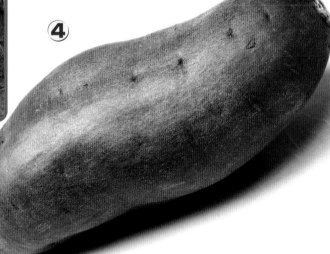

そうです。ほくほくして甘い秋の味覚、さつまいもです。

⑦

収穫は秋です。さつまいも掘りは楽しい秋の行事の1つですね。

中国から沖縄、そして鹿児島（薩摩）へと伝わったので「さつまいも」といいます。飢きんに備える食べ物として、江戸時代に青木昆陽たちの力で栽培が広まりました。

⑧

青木昆陽
1698〜1769

⑨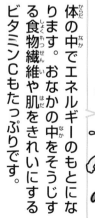

さつまいもと栗の甘煮の献立

大学いも　さつまいもご飯　栗きんとん

てんぷら、煮物、焼きいも、スイートポテトなど、いろいろな料理に使われます。他のいもに比べて甘いのが特徴です。

⑩

体の中でエネルギーのもとになります。おなかの中をそうじする食物繊維や肌をきれいにするビタミンCもたっぷりです。

食べ物ふしぎ10パネル かき

春、木に輝くような黄緑色の葉が出て、やがて小さな花が咲きました。何の花でしょう？

写真提供：HP「季節の花300」

花が落ちると小さな実ができていました。

写真提供：HP「季節の花300」

だんだん色づき、大きな木にたわわに実っています。

写真提供：HP「季節の花300」

夕日のように真っ赤で甘い、日本を代表する秋のくだもの、かきです。

角張ったかきや丸いかき、筆の先のような形をしたかきもあります。

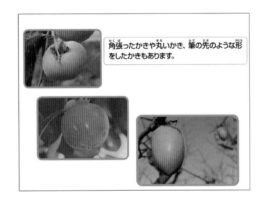

Qクイズです！

かきにはそのままでは食べられない「渋がき」があります。渋がきは、ある工夫でおいしく食べることができます。それは次のどれでしょう。

① ゆでる　② 焼く　③ 干す

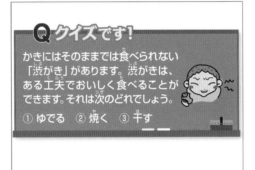

Aこたえ

③干す

干しがきづくり

干しがき

かきは干すことで甘くなります。表面に白く吹く粉は「柿霜」という糖分の結晶で、のどの薬にも用いられました。

古くから日本で親しまれ、俳句やことわざ、早口言葉にもなっています。海外でも「KAKI」の名で知られています。

フランスの食料品店にて

サラダや炒め物、水気を切ったとうふと一緒に「白あえ」にしてもおいしいです。

菜ご飯、牛乳、とりごぼうご飯の具、みそ汁、かきの献立

かきとしめじの炒め物

かきの白あえ

かきはビタミンAやCがたっぷりで、寒くなるこれからの時期の健康を守ってくれます。

MEMO

　カキノキ科の落葉樹。アジアの固有種で長江流域に自生し、日本には弥生時代に伝来したと考えられている。「甘がき」は「渋がき」の突然変異体と考えられ、日本特産。ヨーロッパに日本経由で伝えられたため、「KAKI」で通じる国が多い。甘柿の"ゴマ"はタンニンが不溶性になって固まったもので食べられる。渋柿のタンニンは水溶性で生食できず、熟してやわらかくなるのを待つか、アルコールをふりかけたり、干して渋抜きをする必要がある。

10月

編集・健康教育研究会　発行所・株式会社 健学社　〒102-0071 東京都千代田区富士見1-5-8 大新京ビル　電話 03(3222)0557　FAX 03(3262)2615

食育ニュース mini
食べ物大好き！

食べ物ふしぎ10パネル

かき

監修:横浜市楽しい食育サポートチーム

① 春、木に輝くような黄緑色の葉が出て、やがて小さな花が咲きました。何の花でしょう？

写真提供:HP「季節の花300」

② 花が落ちると小さな実ができていました。

③

写真提供:HP「季節の花300」

④ だんだん色づき、大きな木にたわわに実っています。

⑤ 角張ったかきや丸いかき、筆の先のような形をしたかきもあります。

⑥ **Q クイズです！**
かきにはそのままでは食べられない「渋がき」があります。渋がきは、ある工夫でおいしく食べることができます。それは次のどれでしょう。
① ゆでる　② 焼く　③ 干す

⑦ **A こたえ ③干す**

干しがきづくり

干しがき

かきは干すことで甘くなります。表面に白く吹く粉は「柿霜」という糖分の結晶で、のどの薬にも用いられました。

⑧
柿食へば鐘が鳴るなり法隆寺
ゴーン

桃栗三年柿八年
8年…

となりの客はよく柿食う客だ

古くから日本で親しまれ、俳句やことわざ、早口言葉にもなっています。海外でも「KAKI」の名で知られています。

フランスの食料品店にて
フランスの果物 / senchou / from Flickr, CC BY 2.0

⑨
麦ご飯、牛乳、とりごぼうご飯の具、みそ汁、かきの献立
かきの白あえ
かきとしめじの炒め物

サラダや炒め物、水気を切ったとうふと一緒に「白あえ」にしてもおいしいです。

夕日のように真っ赤で甘い、日本を代表する秋のくだもの、かきです。

かきはビタミンAやCがたっぷりで、寒くなるこれからの時期の健康を守ってくれます。

⑩

食べ物ふしぎ10パネル
お米

夏の朝早く、こんな白い小さな花が咲いていました。何の花でしょう？ヒントは、みんながほとんど毎日食べている白いものです。

これは稲の花です。

稲の実がお米なのです。

芽を出した稲の実（もみ）

「米」という字には、米作りに「八十八」もの多くの手間ひまがかかることが表されているといわれます。

米＝八十八

実るほど頭を垂れる稲穂かな

稲穂

稲刈り

花が咲いてから、およそ45日。稲穂が実りました。いよいよ稲刈りです。

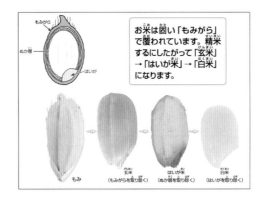

もみがら
ぬか層
はいが

お米は固い「もみがら」で覆われています。精米するにしたがって「玄米」→「はいが米」→「白米」になります。

もみ
玄米（もみがらを取り除く）
はいが米（ぬか層を取り除く）
白米（はいがを取り除く）

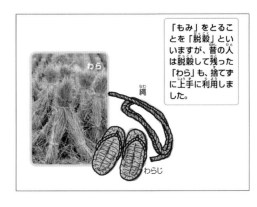

わら

縄

わらじ

「もみ」をとることを「脱穀」といいますが、昔の人は脱穀して残った「わら」も、捨てずに上手に利用しました。

Q クイズです！
ご飯はお米を炊いたものですが、お茶わん1杯に、お米はおよそ何粒入っているでしょうか。
① 330粒
② 3,300粒
③ 33,000粒

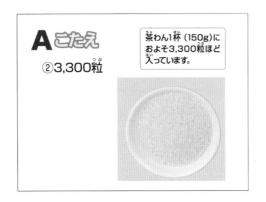

A こたえ
②3,300粒

茶わん1杯（150g）におよそ3,300粒ほど入っています。

ご飯は和食の主食です。食べ飽きず、どんな料理にもよく合い、おもに体を動かすエネルギーのもとになります。「玄米」や「はいが米」には疲れをとるビタミンB₁も多く含まれています。

MEMO

イネ科の植物。ジャポニカ種、ジャバニカ種、インディカ種に分かれ、日本では短粒で粘り気のあるジャポニカ種がほとんど。含まれるでんぷんの性質で「うるち」と「もち米」に分かれる。「米」の漢字は、稲穂が実る様子を表した象形文字からで「八十八」は俗説。ただし88歳を「米寿」、また「八十八の神様が宿る」など「米」を「八十八」と読み替える伝統が日本には古くからある。なお「稲」の「禾（のぎ）」へんは、穀物や農業に関係することを表す部首。

食べ物ふしぎ10パネル

お米

編集·健康教育研究会　発行所·株式会社　健学社　〒102-0071 東京都千代田区富士見1-5-8 大新京ビル　電話 03(3222)0557 FAX 03(3262)2615

監修:横浜市楽しい食育サポートチーム

①

夏の朝早く、こんな白い小さな花が咲いていました。何の花でしょう？
ヒントは、みんながほとんど毎日食べている白いものです。

②

これは稲の花です。

③

稲の実がお米なのです。

芽を出した稲の実（もみ）

④

田起こし

代かき

苗

「米」という字には、米作りに「八十八」もの多くの手間ひまがかかることが表されているといわれます。

米＝八十八

 田植え

 除草

⑤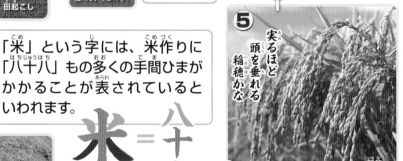

実るほど頭を垂れる稲穂かな

稲穂

花が咲いてから、およそ45日。稲穂が実りました。いよいよ稲刈りです。

お米は固い「もみがら」で覆われています。精米するにしたがって「玄米」→「はいが米」→「白米」になります。

⑥

もみがら
ぬか層
はいが

もみ
玄米（もみがらを取り除く）
はいが米（ぬか層を取り除く）
白米（はいがを取り除く）

 稲刈り

⑧ Q クイズです！

ご飯はお米を炊いたものですが、お茶わん1杯に、お米はおよそ何粒入っているでしょうか。
① 330粒
② 3,300粒
③ 33,000粒

⑨ A こたえ

② 3,300粒

茶わん1杯（150g）におよそ3,300粒ほど入っています。

⑦

わら
縄
わらじ

「もみ」をとることを「脱穀」といいますが、昔の人は脱穀して残った「わら」も、捨てずに上手に利用しました。

⑩

はいがご飯、さけそぼろ、さつまいもの甘煮、呉汁の献立

ご飯は和食の主食です。食べ飽きず、どんな料理にもよく合い、おもに体を動かすエネルギーのもとになります。「玄米」や「はいが米」には疲れをとるビタミンB_1も多く含まれています。

十字形のきれいな花が咲いています。花が終わると、やがて先のとがった実がなりました。

実の中にある小さな種をまくと芽が出てきました。混み合った芽を抜く「間引き」を何度か行って大きく育てます。間引きをした「間引き菜」もおいしくいただくことができます。

しばらくすると、土の上に白いものが顔を出してきました。もう何かわかったかな？

食べ物ふしぎ10パネル
大根

根も葉も茎も丸ごとすべて食べられる大根です。

青首大根

Qクイズです！

大根を生で食べたとき、一番辛く感じるのはどの部分でしょう？

① 葉に近い上の部分
② 真ん中
③ 下の部分

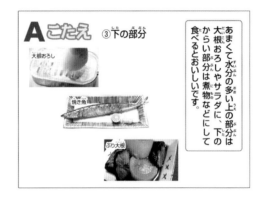

Aこたえ　③下の部分

大根おろし

焼き魚

ぶり大根

あまくて水分の多い上の部分は大根おろしやサラダに、下のからい部分は煮物などにして食べるとおいしいです。

細く切って白に干した「切り干し大根」は、長く保存して食べることができます。

切り干し大根

切り干し大根の煮物

春の七草の「すずしろ」は大根の別名です。1月7日の「七草がゆ」に入れて食べます。

春の七草

七草かゆ、肉じゃが、黒蜜かん、お茶の献立

大根は日本で昔から作られてきました。形、色、大きさなどの違う、さまざまな品種が全国各地で作られています。

三浦大根

聖護院大根

写真提供：三浦市農業協同組合

レディサラダ

黒大根

桜島大根

二十日大根（ラディッシュ）

大根は体の調子を整え、消化も助けてくれます。胃や腸にやさしい野菜です。

MEMO

　アブラナ科の植物。日本書紀に記載があるほど古くから栽培されていた野菜。飢饉などの救荒作物として米に混ぜ「かて（糧）飯」にもされた。芽生えのカイワレ、間引き菜（おろぬき大根）など生育途中のものも食用でき、収穫後も干し葉、切り干し、漬物など多様な形で保存して利用する。各地の気候風土と食生活に適応させて多彩な地方品種も生まれた。消化がよく、俗に「どう食べても当たらない」とされ、「大根役者」はそこから生まれた言葉。

編集·健康教育研究会　発行所·株式会社 健学社　〒102-0071 東京都千代田区富士見1-5-8 大新京ビル　電話 03(3222)0557　FAX 03(3262)2615

食育ニュース mini
食べ物大好き！

食べ物ふしぎ10パネル

大根

監修:横浜市楽しい食育サポートチーム

① 十字形のきれいな花が咲いています。花が終わると、やがて先のとがった実がなりました。

実の中にある小さな種をまくと芽が出てきました。混み合った芽を抜く「間引き」を何度か行って大きく育てます。間引きをした「間引き菜」もおいしくいただくことができます。

②

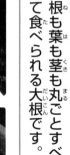

③ しばらくすると、土の上に白いものが顔を出してきました。もう何かわかったかな？

間引き

間引き菜

④ 根も葉も茎も丸ごとすべて食べられる大根です。

⑤ Q クイズです！
大根を生で食べたとき、一番辛く感じるのはどの部分でしょう？
① 葉に近い上の部分
② 真ん中
③ 下の部分

⑥ A こたえ
③ 下の部分

大根おろし

焼き魚

ぶり大根

あまくて水分の多い上の部分は大根おろしやサラダに、下のからい部分は煮物などにして食べるとおいしいです。

⑦ 細く切って日に干した「切り干し大根」は、長く保存して食べることができます。

切り干し大根

切り干し大根の煮物

三浦大根
写真提供:神奈川県三浦市農業協同組合

青首大根

聖護院大根

黒大根

レディサラダ

⑨

桜島大根

二十日大根（ラディッシュ）

⑧

春の七草

七草がゆ、肉じゃが、黒蜜かん、お茶の献立

春の七草の「すずしろ」は大根の別名です。1月7日の「七草がゆ」に入れて食べます。

大根は日本で昔から作られてきました。形、色、大きさなどの違う、さまざまな品種が全国各地で作られています。

⑩

大根は体の調子を整え、消化も助けてくれます。胃や腸にやさしい野菜です。

食べ物ふしぎ10パネル
ブロッコリー

ずいぶん大きな葉っぱですね。何の畑でしょう？

花は咲くと薄い黄色をしています。でも、この野菜は花が開く前に収穫しなくてはなりません。

なぜかというと、この野菜は花のつぼみを食べる野菜だからです。もうわかったかな？

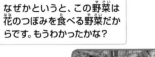

そうです。つぼみのパワーがぎっしり詰まったブロッコリーです。

ブロッコリー
収穫前のブロッコリー

Q クイズです！

ブロッコリーは、ある野菜の仲間の野菜です。それは次のどれでしょう？花の形から推理してみてください。

① ゴーヤー　② キャベツ　③ レタス

A こたえ
② キャベツ

ブロッコリーとキャベツは共通の祖先をもつ野菜です。ほかにも仲間の野菜がいろいろあります。

葉の芽キャベツ
葉を食べるキャベツ
わき芽を食べる芽キャベツ
茎を食べるコールラビ

カリフラワーやロマネスコ、茎ごと食べるスティックセニョールはブロッコリーから生まれました。

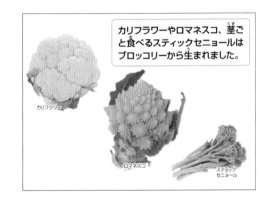
カリフラワー
ロマネスコ
スティックセニョール

種から芽を出したばかりの新芽（スプラウト）も食べられます。

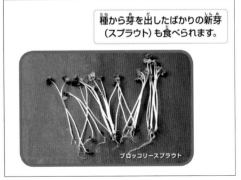
ブロッコリースプラウト

ゆでてサラダやスープの具にしたり、炒め物にして食べてもおいしいです。傷みやすい野菜なので、一度ゆでて保存するとよいでしょう。

ビタミンやミネラルを多く含み、ビタミンCはレモンと同じくらいあります。かぜの予防にとても役立ちます。

MEMO

　アブラナ科の植物で花芽を食べる。ヤセイカンランから変種して生まれた野菜と考えられる。カリフラワーは従来ブロッコリーから突然変異したとする説が一般的だったが、近年は異説も。ロマネスコはカリフラワーの変種でイタリアで開発された。スティックセニョールはブロッコリーと中国野菜のカイランをかけ合わせて日本で生まれた。アブラナ科の植物全般に、花びらが4枚で花が十字形に開くという特徴があり、「十字花植物」ともいわれる。

編集・健康教育研究会　発行所・株式会社 健学社　〒102-0071 東京都千代田区富士見1-5-8 大新京ビル　電話 03(3222)0557　FAX 03(3262)2615

食育ニュース mini

食べ物大好き！

食べ物ふしぎ10パネル　ブロッコリー

監修：横浜市楽しい食育サポートチーム

①

ずいぶん大きな葉っぱですね。何の畑でしょう？

②

花は咲くと薄い黄色をしています。でも、この野菜は花が開く前に収穫しなくてはいけません。

③

なぜかというと、この野菜は花のつぼみを食べる野菜だからです。もうわかったかな？

そうです。つぼみのパワーがぎっしり詰まったブロッコリーです。

④

ブロッコリー

収穫前のブロッコリー

⑤ Q クイズです！

ブロッコリーは、ある野菜の仲間の野菜です。それは次のどれでしょう？花の形から推理してみてください。

① ゴーヤー

② キャベツ

③ レタス

⑥ A こたえ

② キャベツ

畑の芽キャベツ

葉を食べるキャベツ

わき芽を食べる芽キャベツ

茎を食べるコールラビ

ブロッコリーとキャベツは共通の祖先をもつ野菜です。ほかにも仲間の野菜がいろいろあります。

のりしろ

カリフラワーやロマネスコ、茎ごと食べるスティックセニョールはブロッコリーから生まれました。

カリフラワー

⑦
ロマネスコ

スティックセニョール

ゆでてサラダやスープの具にしたり、炒め物にして食べてもおいしいです。傷みやすい野菜なので、一度ゆでて保存するとよいでしょう。

⑧
ブロッコリースプラウト

はいが食パン、チリコンカン、かぶとブロッコリーのサラダ、ソフトチーズの献立

⑨

種から芽を出したばかりの新芽（スプラウト）も食べられます。

⑩

ビタミンやミネラルを多く含み、ビタミンCはレモンと同じくらいあります。かぜの予防にとても役立ちます。

食べ物ふしぎ10パネル
みかん

春、とてもよい香りのする白い花が咲きました。何の花でしょう？

写真提供：HP「季節の花300」

写真提供：HP「季節の花300」

花が落ちると緑色の小さな実ができていました。

写真提供：HP「季節の花300」

実は大きくなって、だんだん黄色く色づいてきました。枝もたわわに実っています。

写真提供：HP「季節の花300」

写真提供：HP「季節の花300」

写真提供：HP「季節の花300」

さわやかな酸味の香りと甘さがおいしい冬のくだもの、みかんです。

このみかんは「温州みかん」といいます。祖先は中国からやってきました。

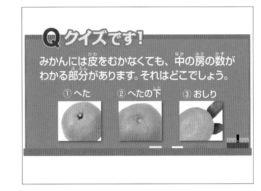

Qクイズです！

みかんには皮をむかなくても、中の房の数がわかる部分があります。それはどこでしょう。

①へた　②へたの下　③おしり

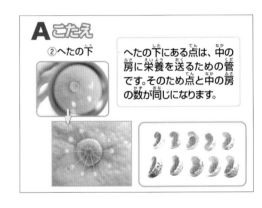

Aこたえ

②へたの下

へたの下にある点は、中の房に栄養を送るための管です。そのため点と中の房の数が同じになります。

12月

はいがご飯、マーボー豆腐、もやしの甘酢煮、みかんの献立

みかんは給食では大人気のくだもの。ジュースやゼリーにもなります。

みかんの仲間は種類がたくさんあり、まとめて「かんきつ類」とよばれます。お正月の鏡もちに載せる「だいだい」もみかんの仲間です。「家が代々栄えますように」と願います。

かんきつ類

デコポン

いよかん

ぽんかん

みかん

鏡もち

手で簡単に皮がむけ、2個で1日分のビタミンCがとれるみかんは、まさにビタミンCの王さまです。ビタミンCは、かぜの予防に役立ちます。

MEMO

　ミカン科の植物。正式名称は「温州みかん」。中国から伝わったかんきつ類が日本で突然変異して生まれたとされる。温州みかんが普及する前は、別種の「紀州みかん」が「みかん」とよばれていた。早生種や晩生種があるが、店頭では産地で「有田みかん」「愛媛みかん」「三ヶ日みかん」などとよばれる。房の袋やすじには食物繊維のほか、ビタミンCのはたらきを助けるポリフェノールの一種ヘスペリジン（ビタミンP）が多く含まれている。

編集・健康教育研究会　発行所・株式会社　健学社　〒102-0071 東京都千代田区富士見1-5-8 大新京ビル　電話 03(3222)0557　FAX 03(3262)2615

食育ニュース mini
食べ物大好き！

食べ物ふしぎ10パネル

みかん

監修：横浜市楽しい食育サポートチーム

①

春、とてもよい香りのする白い花が咲きました。何の花でしょう？

写真提供：HP「季節の花300」

②

花が落ちると緑色の小さな実ができていました。

写真提供：HP「季節の花300」

③

写真提供：HP「季節の花300」

実は大きくなって、だんだん黄色く色づいてきました。枝もたわわに実っています。

④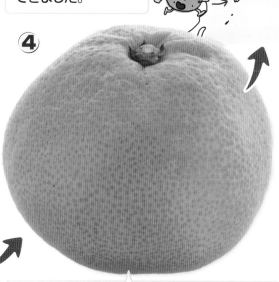

このみかんは「温州みかん」といいます。祖先は中国からやってきました。

⑤

さわやかな酸味の香りと甘さがおいしい冬のくだもの、みかんです。

⑥ Q クイズです！

みかんには皮をむかなくても、中の房の数がわかる部分があります。それはどこでしょう。

① へた　② へたの下　③ おしり

⑦ A こたえ ② へたの下

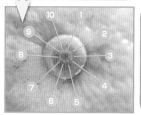

へたの下にある点は、中の房に栄養を送るための管です。そのため点と中の房の数が同じになります。

⑧

みかんは給食では大人気のくだもの。ジュースやゼリーにもなります。

はいがご飯、マーボー豆腐、もやしの甘酢煮、みかんの献立

かんきつ類

デコポン
ぽんかん
いよかん
みかん

みかんの仲間は種類がたくさんあり、まとめて「かんきつ類」とよばれます。お正月の鏡もちに載せる「だいだい」もみかんの仲間です。「家が代々栄えますように」と願います。

⑨ 鏡もち

⑩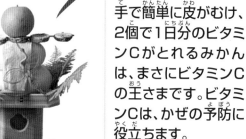

手で簡単に皮がむけ、2個で1日分のビタミンCがとれるみかんは、まさにビタミンCの王さまです。ビタミンCは、かぜの予防に役立ちます。

食べ物ふしぎ10パネル
ねぎ

畑で見た丸いもの。これは何でしょう？ よく「○○ぼうず」とよばれます。

しばらくすると薄い皮が破れて、小さな花がたくさん咲きました。

花が終わると小さな黒い種がたくさんとれました。土にまくとひょろひょろした芽が生えてきました。もうわかったかな？

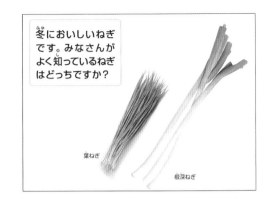

冬においしいねぎです。みなさんがよく知っているねぎはどっちですか？

葉ねぎ

根深ねぎ

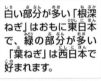

白い部分が多い「根深ねぎ」はおもに東日本で、緑の部分が多い「葉ねぎ」は西日本で好まれます。

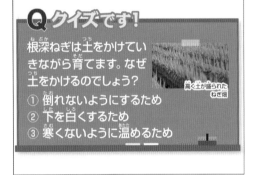

Q クイズです！

根深ねぎは土をかけていきながら育てます。なぜ土をかけるのでしょう？

① 倒れないようにするため
② 下を白くするため
③ 寒くないように温めるため

高く土が盛られたねぎ畑

A こたえ

ねぎの土寄せ

② 下を白くするため

写真提供：福島県県南農林事務所企画部

伸びてくる部分に土をかけていくこと（土寄せ）で、日に当たらず、白い部分が長くなります。

ねぎの白い部分は茎ではなく、葉です。茎は根の上のごく短い部分です。

食べているのは葉の部分。

茎

1月

地域によってさまざまなねぎが作られています。たまねぎとの雑種「わけぎ」もあります。

九条ねぎ

下仁田ねぎ

わけぎ（ねぎとたまねぎの雑種）

平田赤ねぎ

ポロねぎ（リーキ）

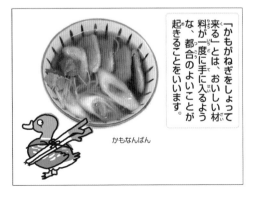

「かもがねぎをしょって来る」とは、おいしい材料が一度に手に入るような、都合のよいことが起きることをいいます。

かもなんばん

ねぎはビタミンCが多く、におい成分には体を温め、疲れをとるはたらきがあります。

ご飯、すき焼き風煮、みそ汁、牛乳の献立

MEMO

　ユリ科の植物。原産はシベリア南西部とされ、中国を経て古くから日本で栽培されている。古名は「き」で「ヒトモジ（一文字）」の別名もそこから。大きく「葉ねぎ」と、土寄せをして軟白化した部分を食べる「根深ねぎ」に分かれる。食用部は茎ではなくて葉。縦に切ると1枚の葉が内側に丸まって成長しているのがわかる。緑色部分は緑黄色野菜に分類され、カロテン、ビタミンCが豊富。におい成分のアリシンはビタミンB$_1$の吸収を高める。

編集・健康教育研究会　発行所・株式会社　健学社　〒102-0071 東京都千代田区富士見1-5-8 大新京ビル　電話 03(3222)0557　FAX 03(3262)2615

食育ニュース mini
食べ物大好き！

食べ物ふしぎ10パネル

ねぎ

監修:横浜市楽しい食育サポートチーム

①

畑で見た丸いもの。これは何でしょう？　よく「○○ぼうず」とよばれます。

白い部分が多い「根深ねぎ」はおもに東日本で、緑の部分が多い「葉ねぎ」は西日本で好まれます。

⑤ Q クイズです！

根深ねぎは土をかけていきながら育てます。なぜ土をかけるのでしょう？
① 倒れないようにするため
② 下を白くするため
③ 寒くないように温めるため

高く土が盛られたねぎ畑

②

しばらくすると薄い皮が破れて、小さな花がたくさん咲きました。

④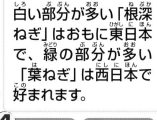

⑥ A こたえ
② 下を白くするため

伸びてくる部分に土をかけていくこと（土寄せ）で、日に当たらず、白い部分が長くなります。

ねぎの土寄せ

写真提供:福島県県南農林事務所企画部

③
葉ねぎ

ねぎの白い部分は茎ではなく、葉です。茎は根の上のごく短い部分です。

⑦
食べているのは葉の部分。
茎

⑨
かもなんばん

「かもがねぎをしょって来る」とは、おいしい材料が一度に手に入るような、都合のよいことが起きることをいいます。

⑧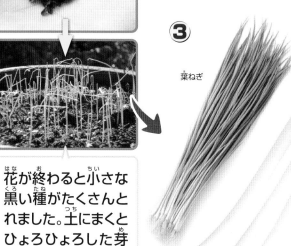
九条ねぎ
ポロねぎ（リーキ）
下仁田ねぎ
平田赤ねぎ
わけぎ（ねぎとたまねぎの雑種）

⑩
ご飯、すき焼き風煮、みそ汁、牛乳の献立

花が終わると小さな黒い種がたくさんとれました。土にまくとひょろひょろした芽が生えてきました。もうわかったかな？

根深ねぎ

冬においしいねぎです。みなさんがよく知っているねぎはどっちですか？

地域によってさまざまなねぎが作られています。たまねぎとの雑種「わけぎ」もあります。

ねぎはビタミンCが多く、におい成分には体を温め、疲れをとるはたらきがあります。

クイズです！
こまつなは、①〜③のうちどれでしょう？

Aこたえ
①
葉はだ円形
②ほうれんそう、③チンゲンサイです。葉の形や茎の太さ、根の色などで見分けられます。
茎は チンゲンサイほど太くない。根は白い。

こまつなの花です。菜の花の仲間の野菜で、花が咲く前に収穫して食べます。

こまつなのふるさとは東京都江戸川区小松川。名付けたのは八代将軍徳川吉宗といわれます。鷹狩りに来て、ふるまわれたすまし汁の菜っ葉の味が気に入り、地名から「小松菜」と名付けました。

現在の江戸川区のこまつな畑のようすです。ビニールハウスを使って栽培されています。
江戸川区学校給食育キャラクター　ベロン

これは種まき機。真っすぐ、同じ間隔にまけます。
こまつなの種

種をまいてから、夏なら20日、秋冬は80〜90日ほどで収穫できます。
写真提供：江戸川区小学校教育研究会給食部会（学校栄養職員）

1月

こまつなは正月のお雑煮によく使うことから「雑煮菜」「迎え月菜」「もち菜」ともよばれます。
お雑煮

くせがなく、いろいろな料理にして食べられます。
こまつなのみそ汁
こまつなの蒸しパン
こまつなソテー

体の調子を整えるビタミンAや食物繊維、鉄が多く、カルシウムの量は牛乳にも負けません。ぐんぐん育つみなさんの力強い味方です。

MEMO

　アブラナ科の植物。江戸の将軍は、冬になると現在の江戸川区にたびたび鷹狩りに訪れた。ある時、将軍に小松川村近辺でとれた冬菜をすまし汁に入れてさしあげたところ、とても気に入り、「村の名をとって、これからは小松菜とよぶように」と言われたという。なお命名したのは5代綱吉とする説も。小松菜の原種は、遠く南ヨーロッパの地中海沿岸、北欧のスカンジナビア地域でも確認され、それが中国などを経て日本に伝わったと考えられている。

編集・健康教育研究会　発行所・株式会社　健学社　〒102-0071 東京都千代田区富士見1-5-8 大新京ビル　電話 03 (3222) 0557　FAX 03 (3262) 2615

食育ニュース mini
食べ物大好き！

食べ物ふしぎ10パネル こまつな

監修:横浜市楽しい食育サポートチーム

① **Q クイズです！**

こまつなは、①〜③のうちどれでしょう？

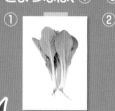 ①
 ②
 ③

② **A こたえ ①**

葉は だ円形

茎は チンゲンサイ ほど太くない。
根は白い。

②ほうれんそう、③チンゲンサイです。葉の形や茎の太さ、根の色などで見分けられます。

⑤ 現在の江戸川区のこまつな畑のようすです。ビニールハウスを使って栽培されています。

江戸川区学校給食食育キャラクター
ペロン

④

うまいっ！

こまつなのふるさとは東京都江戸川区小松川。名付けたのは八代将軍徳川吉宗といわれます。鷹狩りに来て、ふるまわれたすまし汁の菜っ葉の味が気に入り、地名から「小松菜」と名付けました。

③

こまつなの花です。菜の花の仲間の野菜で、花が咲く前に収穫して食べます。

⑥

種をここに入れる

これは種まき機。真っすぐ、同じ間隔にまけます。

こまつなの種

⑦

写真提供:江戸川区小学校教育研究会
給食部会(学校栄養職員)

種をまいてから、夏なら20日、秋冬は80〜90日ほどで収穫できます。

⑧

お雑煮

こまつなは正月のお雑煮によく使うことから「雑煮菜」「正月菜」「もち菜」ともよばれます。

くせがなく、いろいろな料理にして食べられます。

こまつなのみそ汁

こまつなの蒸しパン

⑨

こまつなソテー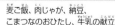

麦ご飯、肉じゃが、納豆、こまつなのおひたし、牛乳の献立

⑩

体の調子を整えるビタミンAや食物繊維、鉄が多く、カルシウムの量は牛乳にも負けません。ぐんぐん育つみなさんの力強い味方です。

食べ物ふしぎ10パネル

大豆

あれ、何の芽でしょう？丸い葉が出て、どんどん大きくなりました。

やがて小さな花が咲きました。花が終わるとさやができて…

豆が完熟するまで育てます。葉は枯れてしまいました。さやを開けてみると…

さやの中の豆がふくらんだら「枝豆」として収穫できます。

枝豆

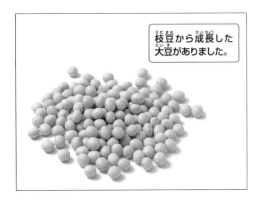

枝豆から成長した大豆がありました。

Qクイズです！

体に大切な栄養がぎっしり詰まった大豆は、よく「畑の ? 」といわれます。次のどれでしょう？
① 王様
② 肉
③ 野菜

Aこたえ ②肉

大豆は「畑の肉」といわれるほど、体をつくるたんぱく質がいっぱいです。

さらに大豆は、とうふ、みそ、しょうゆ、なっとう、きなこ、油、もやしなどいろいろな食品に大変身します。

とうふ　油あげ　おから　しょうゆ　豆乳　みそ　なっとう　大豆油　きなこ　もやし

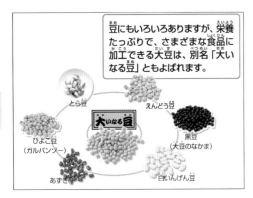

豆にもいろいろありますが、栄養たっぷりで、さまざまな食品に加工できる大豆は、別名「大いなる豆」ともよばれます。

大いなる豆

とら豆　えんどう豆　黒豆（大豆のなかま）　ひよこ豆（ガルバンゾー）　あずき　白いんげん豆

大豆は「まめで達者に暮らせるように」とおせち料理に、さらに「魔を滅する（魔滅）」といって節分の福豆にも使われます。

数の子豆　黒豆　福豆

たんぱく質のほかに、カルシウム、鉄、ビタミンB群もたっぷり。これから大きくなるみなさんの成長を大いに助けてくれます。

はいがご飯、ツナそぼろ、ぶどう豆、かきたま汁、牛乳の献立

MEMO

マメ科の植物。中国原産。若い未熟な実は「枝豆」として食べ、熟した種子はたんぱく質と脂質を豊富に含み、「畑の肉」とよばれる。さまざまな食品に加工して食べる知恵が発達した。旧暦９月の「十三夜」は、大豆の収穫期にもあたり「豆名月」とよばれる。おせち料理の黒豆も大豆の一種。節分の福豆は大豆を炒ったもの。「魔滅（まめ）」ともいい、わざわいをほろぼす力があるとされた。「大豆」という言葉の由来も「大いなる豆」からとする説もある。

編集・健康教育研究会　発行所・株式会社　健学社　〒102-0071 東京都千代田区富士見1-5-8 大新京ビル　電話 03(3222)0557 FAX 03(3262)2615

食育ニュース mini
食べ物大好き！

食べ物ふしぎ10パネル

大豆

監修：横浜市楽しい食育サポートチーム

① あれ、何の芽でしょう？丸い葉が出て、どんどん大きくなりました。

② やがて小さな花が咲きました。花が終わるとさやができて…

③ さやの中の豆がふくらんだら「枝豆」として収穫できます。

枝豆

豆が完熟するまで育てます。葉は枯れてしまいました。さやを開けてみると…

④ 枝豆から成長した大豆がありました。

⑤ **Q** クイズです！
体に大切な栄養がぎっしり詰まった大豆は、よく「畑の◯？」といわれます。次のどれでしょう？
① 王様
② 肉
③ 野菜

⑥ **A** こたえ
② 肉　＝

大豆は「畑の肉」といわれるほど、体をつくるたんぱく質がいっぱいです。

豆にもいろいろありますが、栄養たっぷりで、さまざまな食品に加工できる大豆は、別名「大いなる豆」ともよばれます。

とら豆
えんどう豆
⑧ 黒豆（大豆のなかま）
大いなる豆
ひよこ豆（ガルバンゾー）
あずき
白いんげん豆

⑨ 大豆は「まめで達者に暮らせるように」とおせち料理に、さらに「魔を滅する（魔滅）」といって節分の福豆にも使われます。
黒豆
数の子豆
福豆
おに まめ だぞ！

さらに大豆は、とうふ、みそ、しょうゆ、なっとう、きなこ、油、もやしなどいろいろな食品に大変身します。

⑦
とうふ
油あげ
おから
豆乳
しょうゆ
なっとう
みそ
大豆油
きなこ
もやし

たんぱく質のほかに、カルシウム、鉄、ビタミンB群もたっぷり。これから大きくなるみなさんの成長を大いに助けてくれます。

⑩
はいがご飯、ツナそぼろ、ぶどう豆、かきたま汁、牛乳の献立

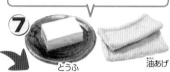

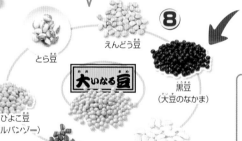

食べ物ふしぎ10パネル
かぶ

黄色い花が咲いています。

花が終わると、さやができ、中には種が入っていました。

写真提供：
HP「季節の花300」

写真提供：
HP「季節の花300」

種をまくと芽が出てきました。大きくなると土の上に白いボールのようなものが顔を出してきました。もうわかったかな？

真っ白でつるつるしたかぶです。

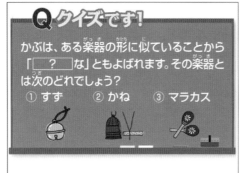

Q クイズです！

かぶは、ある楽器の形に似ていることから「　？　な」ともよばれます。その楽器とは次のどれでしょう？

① すず　　② かね　　③ マラカス

A こたえ　①すず

形がすずに似ているので「すずな」とよばれています。春の七草の一つです。

写真提供：
HP「季節の花300」

七草がゆ

紀元前から世界中で栽培されています。みんなが知っている「大きなかぶ」はロシアという国の民話です。

日本各地にいろいろなかぶがあります。細長いかぶや、赤や紫色をしたかぶもあります。葉と一緒によく漬物に使われます。

平良かぶ（秋田県）手のひらサイズの青首の白かぶ

飛騨紅かぶ（岐阜県）赤かぶ。中は白い。

白首菜かぶ（滋賀県）縁起よく漬物はピンク色になる。

津田かぶ（島根県）勾玉のように曲がったかぶ。

聖護院かぶ（京都府）「千枚漬け」に使われる。

千枚漬け

生でもおいしいかぶですが、煮るととろけるようにやわらかくなります。寒い時期、とくにおいしい野菜です。

かぶのみそけ

かぶら蒸し

かぶにはビタミンCが多く、そのパワーは、かぜに負けない体をつくってくれます。

MEMO

　アブラナ科の植物。大根とは違う仲間。かぶは胚軸（茎）が太り、そのため地上に丸くふくらんだ姿を出すことが多く、表面はつるっとしている。アフガニスタン近辺が原産地で、世界各地で栽培されるが、日本では関ヶ原付近を境に、東は西洋型、西は東洋型に分かれる。各地でさまざまな「ご当地かぶ」が栽培される。「かぶ」の名は一説によれば「頭」や「丸い塊」を意味した言葉から生まれ、「兜」や「こぶ」も同じ語源の言葉と考えられている。

2月

編集・健康教育研究会　発行所・株式会社　健学社　〒102-0071 東京都千代田区富士見1-5-8 大新京ビル　電話 03(3222)0557　FAX 03(3262)2615

食育ニュースmini

食べ物大好き！

食べ物ふしぎ10パネル

かぶ

監修：横浜市楽しい食育サポートチーム

①

黄色い花が咲いています。

②

花が終わると、さやができ、中には種が入っていました。

写真提供：HP「季節の花300」

③

種をまくと芽が出てきました。大きくなると土の上に白いボールのようなものが顔を出してきました。もうわかったかな？

④

真っ白でつるつるしたかぶです。

⑤ **Q クイズです！**

かぶは、ある楽器の形に似ていることから「＿＿？＿＿な」ともよばれます。その楽器とは次のどれでしょう？

① すず　② かね　③ マラカス

⑥ **A こたえ**　① すず

形がすずに似ているので「すずな」とよばれています。春の七草の一つです。

写真提供：HP「季節の花300」

七草がゆ

⑦

紀元前から世界中で栽培されています。みんなが知っている『大きなかぶ』はロシアという国の民話です。

生でもおいしいかぶですが、煮るととろけるようにやわらかくなります。寒い時期、とくにおいしい野菜です。

⑧

日本各地にいろいろなかぶがあります。細長いかぶや、赤や紫色をしたかぶもあります。葉と一緒によく漬物に使われます。

日野菜かぶ（滋賀県）細長く、漬物はピンク色になる。

平良かぶ（秋田県）手のひらサイズの青首の白かぶ

津田かぶ（島根県）勾玉のように曲がったかぶ。

飛騨紅かぶ（岐阜県）赤かぶ。中は白い。

聖護院かぶ（京都府）「千枚漬け」に使われる。

千枚漬け

⑨

チーズパンスパゲティナポリタン、かぶのスープ煮、いよかん、牛乳の献立

かぶのみそ汁

かぶら蒸し

⑩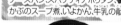

かぶにはビタミンCが多く、そのパワーは、かぜに負けない体をつくってくれます。

食べ物ふしぎ10パネル
キウイフルーツ

ある果物の花です。
おばなとめばなが
あります。

花が終わると、めばな
の根元がふくらんで
きました。

写真提供:HP「季節の花300」

茶色い短い毛で覆われた
実がたくさんなっていま
す。もうわかったかな?

黄緑色のおいしい果物、キウイフルーツです。
金色で甘い「ゴールドキウイ」もあります。

南半球の国ニュージーラン
ドの国鳥「キウイバード」
に姿や形が似ているので、
「キウイ」という名前が
つきました。

写真提供:ゼスプリ・インターナショナルジャパン

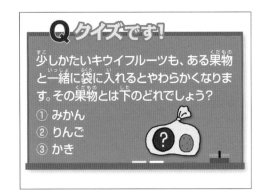

Q クイズです!
少しかたいキウイフルーツも、ある果物
と一緒に袋に入れるとやわらかくなりま
す。その果物とは下のどれでしょう?
① みかん
② りんご
③ かき

A こたえ ② りんご

りんごから放出さ
れるエチレンに
は、果物を熟成
させる作用があり
ます。

半分に切って
スプーンで
食べることも
できます。

ヨーグルトと食べると、より
栄養バランスが整います。
食物アレルギーのない人は
おやつやデザートにたくさん
食べてほしい果物です。

巣パン、ホワイトシチュー、野菜ソテー、キウイ
フルーツ、牛乳の献立

キウイヨーグルト　キウイのフルーツ白玉

キウイフルーツ1個で
1日に必要なビタミンC
の約半分がとれます。
食物繊維も多く、おなか
の調子を整えてくれます。

MEMO

　マタタビ科の植物。中国原産だが、ニュー
ジーランドで改良が進み、現在は日本各地
で栽培が盛ん。雌雄異株で、雄株には雄花、
雌株には雌花がつく。果皮表面に褐色の毛
が生え、見た目がニュージーランドの国鳥
「キウイ」に似ていることからこの名がつい
た。木になったままでは熟さず、収穫後に
追熟の作業を行う。ビタミンCと水溶性食
物繊維が豊富。食物アレルギーの原因にな
ることがあり、特定原材料等に準ずる食品
として表記が推奨される。

3月

編集・健康教育研究会　発行所・株式会社　健学社　〒102-0071 東京都千代田区富士見1-5-8 大新京ビル　電話 03(3222)0557 FAX 03(3262)2615

食育ニュース mini
食べ物大好き！

食べ物ふしぎ10パネル キウイフルーツ

監修：横浜市楽しい食育サポートチーム

めばな

おばな

ある果物の花です。おばなとめばながあります。

花が終わると、めばなの根元がふくらんできました。

写真提供：HP「季節の花300」

④

③
茶色い短い毛で覆われた実がたくさんなっています。もうわかったかな？

ゴールドキウイ

黄緑色のおいしい果物、キウイフルーツです。金色で甘い「ゴールドキウイ」もあります。

⑤ 南半球の国ニュージーランドの国鳥「キウイバード」に姿や形が似ているので、「キウイ」という名前がつきました。

キウイバード

写真提供：ゼスプリインターナショナルジャパン

日本
ニュージーランド

⑥ **Q** クイズです！

少しかたいキウイフルーツも、ある果物と一緒に袋に入れるとやわらかくなります。その果物とは下のどれでしょう？

① みかん
② りんご
③ かき

⑧ 半分に切ってスプーンで食べることもできます。

⑨
黒パン、ホワイトシチュー、野菜ソテー、キウイフルーツ、牛乳の献立

キウイヨーグルト

キウイのフルーツ白玉

ヨーグルトと食べると、より栄養バランスが整います。食物アレルギーのない人はおやつやデザートにたくさん食べてほしい果物です。

キウイフルーツ

⑦ **A** こたえ
② りんご

りんごから放出されるエチレンには、果物を熟成させる作用があります。

キウイフルーツ1個で1日に必要なビタミンCの約半分がとれます。食物繊維も多く、おなかの調子を整えてくれます。

⑩

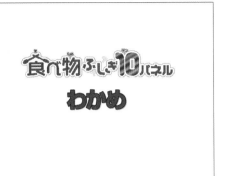

食べ物ふしぎ10パネル
わかめ

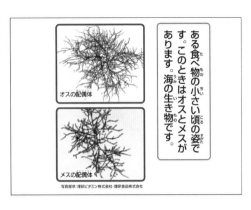

ある食べ物の小さい頃の姿です。このときはオスとメスがあります。海の生き物です。

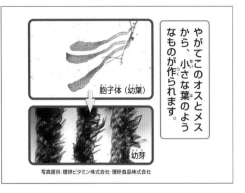

やがてこのオスとメスから、小さな葉のようなものが作られます。

胞子体（幼葉）
幼芽

写真提供：理研ビタミン株式会社・理研食品株式会社

さらに大きくなった姿です。海底では岩などについてどんどん大きくなります。もう何かわかったかな？

春が旬で、うま味もたっぷり。日本の海そうの代表、わかめです。大きいものでは3m以上もあります。

わかめの収穫

わかめは海で養殖されます。ロープについたわかめを1本ずつ、ていねいにかまで刈って収穫します。とても大変な仕事です。

1本1本かまで刈り取る

写真提供：理研ビタミン株式会社・理研食品株式会社

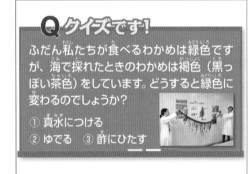

Qクイズです！

ふだん私たちが食べるわかめは緑色ですが、海で採れたときのわかめは褐色（黒っぽい茶色）をしています。どうすると緑色に変わるのでしょうか？

① 真水につける
② ゆでる　③ 酢にひたす

Aこたえ ②ゆでる

湯に入れると、あざやかな緑色に変わります。

写真提供：理研ビタミン株式会社・理研食品株式会社

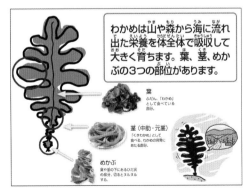

わかめは山や森から海に流れ出た栄養を体全体で吸収して大きく育ちます。葉、茎、めかぶの3つの部位があります。

葉
ふだん「わかめ」として食べている部分。

茎（中肋・元茎）
「くきわかめ」として食べる、わかめの背骨にあたる部分。

めかぶ
葉や茎の下にあるひだ状の部分。切るとヌルヌルする。

写真提供：東京都豊島区立南池袋小学校

わかめいっぱいスープ

茎わかめ入り豚ニラピリ辛炒め

いかと押し麦のわかめチャーハン

めかぶと水菜のかきたま汁

給食で大人気の「まるごとわかめご飯」の献立。葉、茎、めかぶがすべて入り、それぞれの食感が楽しめる。

レシピ写真提供：理研ビタミン株式会社

ヌルヌル、コリコリ、いろいろな食感を楽しみながら、まるごとおいしく食べられます。

わかめにはみなさんの成長に欠かせないカルシウムやおなかをそうじしてくれる食物繊維がたくさん含まれてます。

何色？

写真提供：理研ビタミン株式会社・理研食品株式会社

MEMO

　コンブ目の海藻。原産地は日本の可能性が高い。初夏にめかぶから胞子が放出され、胞子は雄と雌の配偶子となって受精し、受精卵からわかめが発芽する。冬にわかめは成長を続け、2月〜5月頃まで各地で収穫される。海の中では褐色だが、収穫後、湯通しをすると一瞬にしてあざやかな緑色に変化。養殖は戦前に研究が始まり、1960年代後半に方法がほぼ確立した。葉、茎、めかぶの3つの部位の食感を楽しみながら、まるごとおいしく食べられる。

3月

編集・健康教育研究会　発行所・株式会社　健学社　〒102-0071 東京都千代田区富士見1-5-8 大新京ビル　電話 03(3222)0557　FAX 03(3262)2615

食育ニュース mini
食べ物大好き！

食べ物ふしぎ10パネル

わかめ

写真提供:理研ビタミン株式会社・理研食品株式会社　　監修:横浜市楽しい食育サポートチーム

①

オスの配偶体

メスの配偶体

ある食べ物の小さい頃の姿です。このときはオスとメスがあります。海の生き物です。

②
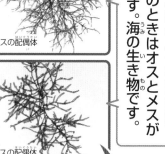
胞子体（幼葉）

幼芽

やがてこのオスとメスから、小さな葉のようなものが作られます。

③
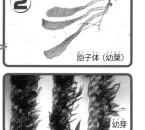

さらに大きくなった姿です。海底では岩などについてどんどん大きくなります。どんな食べ物か、もう何かわかったかな？

④

春が旬で、うま味もたっぷり。日本の海そうの代表、わかめです。大きいものでは3m以上もあります。

わかめは海で養殖されます。ロープについたわかめを1本ずつ、ていねいにかまで刈って収穫します。とても大変な仕事です。

⑤

わかめの収穫

1本1本かまで刈り取る

⑥ **Q クイズです！**
ふだん私たちが食べるわかめは緑色ですが、海で採れたときのわかめは褐色（黒っぽい茶色）をしています。どうすると緑色に変わるのでしょうか？
① 真水につける
② ゆでる　③ 酢にひたす

⑦ **A こたえ**
② ゆでる

湯に入れると、あざやかな緑色に変わります。

撮影協力:
理研ビタミン株式会社・理研食品株式会社

⑧
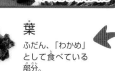

葉
ふだん、「わかめ」として食べている部分。

茎（中肋・元茎）
「くきわかめ」として食べる、わかめの背骨にあたる部分。

めかぶ
葉や茎の下にあるひだ状の部分。切るとヌルヌルする。

わかめは山や森から海に流れ出た栄養を体全体で吸収して大きく育ちます。葉、茎、めかぶの3つの部位があります。

⑨ レシピ写真提供:理研ビタミン株式会社　　写真提供:東京都豊島区立南池袋小学校

わかめいっぱいスープ

茎わかめ入り豚ニラピリ辛炒め

いかと押し麦のわかめチャーハン

めかぶと水菜のかきたま汁

給食で大人気の「まるごとわかめご飯」の献立。葉、茎、めかぶがすべて入り、それぞれの食感が楽しめる。

わかめにはみなさんの成長に欠かせないカルシウムやおなかをそうじしてくれる食物繊維がたくさん含まれてます。

⑩

何色？

ヌルヌル、コリコリ、いろいろな食感を楽しみながら、まるごとおいしく食べられます。

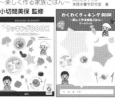      
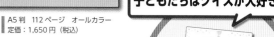

監修・原案：横浜市楽しい食育サポートチーム

「子どもたちに興味をもって理解してもらえる食育教材を作ろう」という目的のもと、
横浜市の栄養教諭・学校栄養職員、OB 有志が集まって作られたグループです。

池田ふみ子
岩本かをり
柴岡芳子
宮田清美
板垣敏子

寺村正生
小原(橋本)美香子
藤田(中川)侑紀
亜厂理恵
和田敦志
山田彩未
村上華奈
荒幡(秋本)恵里

イラスト：日南田淳子

編集：吉田賢一
資料作図：かけひ(山本)さとこ
パワポ資料製作：髙根澤ルリ

表紙デザインフォーマット：株式会社 デザインコンビビア
壁新聞レイアウト：株式会社 ニホンバレ （小松隆文・岡 優貴・金田光祐）

※本書は、2014 年 4 月号〜 2018 年 3 月号まで、壁新聞『旬刊 食育ニュース（健学社）』25 日号、月刊誌『食育フォーラム』中の「食育ニュース・ミニ」として掲載された紙面と記事をもとに内容を見直し、新たに書き下ろしを加えて再構成したものです。

上巻

2020 年 10 月 30 日　初版第 1 刷発行 2024 年 7 月 5 日　　　第 3 刷発行	

監　修　横浜市楽しい食育サポートチーム
原　案

編　者　月刊『食育フォーラム』編集部
発行者　細井裕美
発行所　株式会社 健学社

2024 Printed in Japan

ISBN:978-4-7797-0533-5　C3037　NDC 376　64p 210×297mm